他不是故意的！
亞斯伯格.
ADHD.LD
教養全書

精神科醫師
西脇俊二

瑞昇文化

序 言

　　發展遲緩兒童為了看到最喜愛的父母的笑容，每天都非常地努力。

　　另一方面，家長對孩子的期待愈高，「為什麼，不管我說幾次，我家的孩子還是重複做相同的事……」就會像這樣地關注孩子的缺點，並變得容易感到不安。

　　話雖如此，依照性別與個人差異，每個孩子的發展速度都不一樣。而且，每個孩子都有許多長處和擅長的事。

　　即使乍看之下像是缺點，只要改變觀點，缺點有時也會變成優點。舉例來說，「很固執的孩子」是「很專注的孩子」、「吵鬧的孩子」是「精力充沛的孩子」、「注意力渙散的孩子」是「好奇心旺盛的孩子」。

　　若想要提昇孩子優點的話，家長首先要認同孩子的優點，並好好地稱讚孩子。

　　孩子會受到家長的言行舉止影響。若家長的言行變得積極，孩子肯定會往好的方向發展。

　　本書的對象為，家中有發展遲緩兒童的父母，目的在於，消除父母在面對孩子的言行時所感受到的不安、煩惱、疑問。

　　各章的主要內容如下：

另外，還會使用「ABC分析法（應用行為分析學）」、「小步驟教學法」、「時間表」、「輔助手冊」等來介紹對於孩子的生活層面 學習層面 行為層面有幫助的具體方法。

育兒的意義在於，當孩子將來自立時，讓孩子學會如何在社會上過著幸福的生活。

家長首先要去理解孩子的特性。藉由理解，肯定就能找到既簡單易懂又能傳達給孩子的溝通方法。

藉由使用合適的方法來引導孩子，就能讓孩子本身學會思考，並培養出能在社會上生存下去的能力。

希望本書能夠成為一項助力，消除父母的煩惱與孩子生活中的痛苦，讓一家人每天都能開心地生活。

精神科醫師　西脇俊二

透過父母的理解，發展遲緩兒童會有所改變!?

CONTENTS

第1章 請先了解這些！關於兒童發展遲緩的基礎知識

第2章 當孩子「做不到」時，請給予協助吧！

謝謝

第3章 在家中培養孩子的「優點」吧！

第**4**章　在家中也能協助孩子的學校生活！

第**5**章　親子都能展露笑容！育兒的提示

本書對於「發展遲緩」的用語、診斷名稱的觀點

在本書中，會將「發展障礙」與「障礙」這些用語統一寫成「發展遲緩」與「遲緩」。

2013年5月，美國精神醫學學會將診斷標準「DSM」修訂為「DSM-5」。

在DSM-5當中，將包含自閉症與亞斯伯格症在內的廣泛性發展障礙視為相關病症，並將各自的診斷名稱統一為「自閉症譜系障礙（ASD）」。因此，雖然「亞斯伯格症」這個診斷名稱消失了，但在2017年的日本，一般來說，目前還是會固定使用「亞斯伯格症」這個診斷名稱。因此，在本書中，關於「自閉症譜系障礙所包含的亞斯伯格症」，會使用「亞斯伯格症」這個名稱來進行介紹。

第 1 章

請先了解這些！
關於兒童
發展遲緩的
基礎知識

擁有發展遲緩特性的兒童有許多優點，
像是能在擅長的事情上發揮專注力，
認真地專注於一件事。
重要的是，家長要客觀地理解發展遲緩的特性，
並給予協助。

當您覺得「我家的孩子是否有點怪怪？」時

先從理解孩子的特性做起吧

對於發展遲緩兒童來說，周遭人們的理解與協助很重要

雖然孩子在上托兒所或幼稚園時，不會去在意，但到了孩子上小學時，就會去在意自家孩子與其他孩子的差異，對「我家的孩子是否有點怪？」這項疑問感到不知所措。這種情況是很常見的。

舉例來說，在孩子每天的生活中，對於下列這類事項，您是否會感到不安呢？

・在小學的班上交不到朋友
・上課時，會站起來到處走動
・每天都會因為遺失物品而挨罵
・書桌上與房間內都無法收拾乾淨
・跟不上學校的課程
・只要專注做某件事，就不會在意周遭與時間，變得無法做其他事
・很挑食，吃不下營養午餐
・無法參加學校活動
・說話不顧慮他人心情，和朋友吵架

・無法做好時間管理而遲到
・非常「固執」
・無法掌控情緒，會因為突然陷入恐慌而開始胡鬧
・表情缺乏變化

　　　　　　　……等等。

在一部分孩子當中，有的孩子並不像其他許多孩子那樣，能夠做到符合年齡的事，在生活層面、學習層面、行為層面、溝通層面等方面，「擅長的事」與「不擅長的事」的差距極為明顯。

雖然具備這類特性的孩子，容易使周遭的人覺得「有點怪」，但他們實際上有很多優點，例如，能在擅長的事情上發揮專注力，認真地專注於一件事。

不過，由於接觸事物的方式與其他孩子有點不同，所以父母與周遭人們

的理解和協助是很重要的。

在醫學上，會將這類特性稱作「**發展遲緩（發展障礙）**」。

在主要的發展遲緩中，我們舉了下列3者為例。

- **亞斯伯格症〔自閉症譜系障礙（ASD）當中的發展遲緩之一〕**
- **ADHD（注意力不足過動症）**
- **LD（學習障礙）**

與周遭兒童相比，發展遲緩兒童在生活層面、學習層面等方面，言行會有所差異。若是十幾年前的話，人們會將這些差異的原因歸咎於父母的教育方式與兒童的幹勁等，但其實毫無關係。

現在，人們認為發展遲緩所呈現的特性，是腦部的部分功能無法正常運作而導致的症狀。因此，「非常固執」、「注意力不集中」等特性也是腦部功能的作用所造成的。

一般來說，發展遲緩的特性據說會從3歲左右開始出現。

另外，由於有的孩子外觀上沒有異常，也沒有出現語言和智力發展遲緩的情況，所以大多不會被周遭的人察覺。

不過，對於發展遲緩兒童來說，周遭人們的理解是最重要的。要說為什麼的話，這是因為，依照特性，孩子會持續被周遭的人誤解為「怪孩子」，即使孩子很努力，也無法融入社會，並會活得很痛苦。

當身為家長的您從孩子的言行中感覺到「我家的孩子是否有點怪？」時，首先請讓自己能夠客觀地理解孩子的「特性」吧。

請試著這樣做吧！

在理解孩子的特性後，請家長與周遭的人營造一個能讓孩子持續發展其「個性」的環境吧。

何謂發展遲緩中會顯現的「特性」？

依照性別與個人差異，每個孩子的發展速度都不同

發展遲緩兒童會顯現的特性

開始上小學後，孩子在團體生活中的職責會增加，發展遲緩兒童的特性會變得更加明顯。

舉例來說，下列為發展遲緩兒童會顯現的一部分特性。

· 會聽錯話
· 無法正確地理解文章的重點
· 進行計算時，要花較多時間
· 無法依照目的來行動
· 太愛說話
· 缺乏同理心
· 對於特定事物很固執

　　　　　　　　　……等。

——地觀察這些特性後，會發現許多孩子都各自有符合的部分。

不過，在發展遲緩兒童的情況中，有時會同時出現多種特性，或是某種特性格外明顯，而且特性的顯現方式與許多孩童都不同。

即使是成年人，符合發展遲緩特性的人卻出乎意料地多，也有人將此特性當成自己的優勢，活躍於社會上。

另一方面，有的人不曉得問題所在，過於在意特性的負面部分，活得很痛苦。

也就是說，理解自己所具備的特性，並讓周遭的人也理解，這樣才是積極地融入社會的捷徑。

這項道理也能說給孩子聽。與其過於在意發展遲緩兒童的特性，讓周遭的人感到擔憂、不安，倒不如讓家長、兄弟姊妹、老師等周遭的人理解，藉此就能讓孩子過著安心的生活，原本容易過度顯現的「特性」也會變得不明顯。

亞斯伯格症
（自閉症譜系障礙（ASD）當中的障礙之一）

- 會出現溝通障礙
- 會出現對人恐懼症或社交恐懼症
- 喜愛模式化行為
- 對於有興趣的事物，會過於偏頗或固執

參閱P30

ADHD（注意力不足過動症）

- 無法專心
- 好動、愛說話，靜不下來
- 會在思考前就採取行動

參閱P48

LD（學習障礙）

「閱讀」、「寫字」、「計算」等
能力非常差

參閱P56

參考文獻：厚生勞動省「為了理解發展遲緩」 http://www.mhlw.go.jp/seisaku/17.html

何謂「發展遲緩」？

2012年，日本文部科學省根據一項以全國就讀普通班級的中小學生為對象的調查，發表了調查結果。「雖然沒有出現智能障礙，但在學習層面或行為層面上會感到非常吃力的學生的比例」約為6.5%。

透過這項調查結果，我們可以推測，全國疑似有發展遲緩的兒童至少有約62萬人，**平均每1個班級會出現約2～3人**。

另外，若再加上「在學習層面感到非常吃力」、「在行為層面感到非常吃力」等調查結果的話，就可以得知，事實上，**疑似有發展遲緩的兒童比調查結果來得多**。

根據「發展遲緩者支援法」這項政令，發展遲緩的定義為「罹患自閉症、亞斯伯格症與其他廣泛性發展障礙、學習障礙、注意力不足過動症與其他類似的腦部功能障礙，其症狀一般會在低齡時期出現的現象」。

然而，**若從家長的立場來看，當孩子被專科醫師診斷為「很有可能罹患發展遲緩」時，我認為家長通常會對「遲緩」這個詞感到擔憂與不安。**

事實上，關於症狀的名稱，人們的看法也不一致。

話說回來，發展遲緩者支援法的目的原本就是為了協助那些「因為與眾不同的特性而無法融入團體生活，感到痛苦的孩子們」。

因此，雖說專科醫師做了「發展遲緩」這樣的診斷，但其目的並不是要貼上帶有負面含意的標籤。

倒不如說，醫師這樣做是為了理解這些受苦孩子們的個性與痛苦，並提供適當的協助。

最重要的意義在於，家長不能受到症狀名稱的影響，而是要著重於理解孩子的「特性」。

依照性別與個人差異，每個孩子的發展速度原本就都不相同。

事實上，顯現出發展遲緩特性的孩子，即使做不到許多孩子都能完成的事情，但也可能會有過人之處。

由於發展遲緩兒童的發展情況很不均衡，所以家長與周遭的人在理解該孩童的特性後，只要提供適合該孩童的教育方式與環境，就能更進一步地培養該孩童的能力。

家長不應該拿發展遲緩兒童與許多孩童比較，在意「孩子的缺點」，認為「我家的孩子真差勁」，而是要著重於「孩子的優點」、「努力的態度」，請用「你會○○耶，好棒喔」這種鼓勵的方式來稱讚孩子吧。

畫得真好呢！

媽媽

請試著這樣做吧！

對於「孩子的缺點」，不要批評。
對於「孩子的優點」，要多鼓勵！！

與發展遲緩相關的
腦部功能

這與孩子個性或家長的教養方式完全無關！

發展遲緩是一種腦功能障礙

發展遲緩是在成長過程中，因為腦部功能出現某種偏差而引發的症狀。另外，人們認為這和遺傳因素也有關。

「亞斯伯格症（自閉症譜系障礙所包含的障礙之一）」、「ADHD（注意力不足過動症）」、「LD（學習障礙）」的主要共通點如下：

· 會出現腦部功能所導致的偏差
· 從3歲左右，會開始顯現行為特性
· 雖然特性一生都相同，但會根據本人或家長的行為與環境而產生變化。

透過這些，我們也能得知，這與「個性」或「家長的教養方式」完全無關。

另外，依照個人差異，有時也會同時出現多種發展遲緩的特性，像是「亞斯伯格症＋LD」、「ADHD＋LD」、「亞斯伯格症＋ADHD＋LD」等。由於即使是專科醫師，在診斷時也會感到猶豫，所以，我們也能反過來說，亞斯伯格症、ADHD、LD的界線很模糊。

在面對發展遲緩時，有時光靠療育（透過醫療上的措施來培育孩童）指南是行不通的。舉例來說，雖然孩子被診斷為LD，卻同時會出現ADHD的特性，在這種情況下，光靠LD療育指南來處理的話，還是無法提供孩子適當的協助。

因此，比起注重診斷名稱，更重要的是，充分地理解孩子的特性後，進行妥善的應對。

那麼，接著就來對亞斯伯格症、ADHD、LD當中的腦部功能不均衡進行簡單的說明吧。

與亞斯伯格症相關的腦部功能

人們認為，亞斯伯格症的原因在於，腦部功能不均衡。

目前，被視為原因的大腦部位可以分成以下4個區域。

①額葉

· **掌管腦部整體功能，擁有工作記憶的功能（暫時記錄必要資訊的場所）**

②顳葉

· **關於聽覺的功能。另外，能透過人的表情來理解情緒。**

③扁桃體

· **能夠掌控恐懼感、不安、不適感等透過直覺感受到的情緒。**

④扣帶回前部

· **能夠從大量資訊中只挑選出必要的資訊。**

人們認為，這4個部位的腦部功能下降是導致腦部功能不均衡的原因。

另外，據說，在發展遲緩兒童的腦部當中，名為「鏡像神經元」的神經細胞群的作用很弱。鏡像神經元的作用為，模仿他人行為，透過表情來察覺情緒，產生共鳴。話雖如此，在現階段，人們實際上仍無法清楚得知大腦部分功能無法順利運作的原因。

與亞斯伯格症特性相關的大腦部位

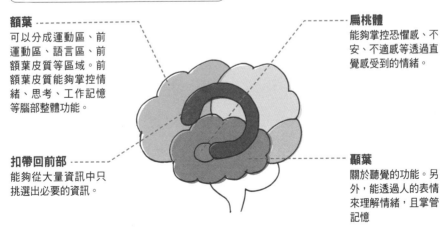

額葉
可以分成運動區、前運動區、語言區、前額葉皮質等區域。前額葉皮質能夠掌控情緒、思考、工作記憶等腦部整體功能。

扁桃體
能夠掌控恐懼感、不安、不適感等透過直覺感受到的情緒。

扣帶回前部
能夠從大量資訊中只挑選出必要的資訊。

顳葉
關於聽覺的功能。另外，能透過人的表情來理解情緒，且掌管記憶

與ADHD相關的大腦功能

人們認為，ADHD的原因在於，腦部功能不均衡。

被視為原因所在的大腦部位是以下這2個區域。

①前額葉皮質

・執行功能（整理思緒、行為的優先順序、處理速度、專注力的維持、專注力與情緒的控制、工作記憶等）

②腹側紋狀體

與LD相關的大腦功能

繼亞斯伯格症、ADHD後，腦部功能不均衡也被視為LD的原因。被視為原因所在的大腦部位為以下區域。

①布洛卡區

・運動性語言中樞（說話功能）

②韋尼克區

・感覺性語言中樞（理解人類語言的功能）

・**與酬賞系統（reward system）相關的部分（在面對不適當的報酬或眼前的利益時，能控制衝動）**

人們認為，這2個部位的腦部功能下降是導致腦部功能不均衡的原因。

另外，據說，在ADHD兒童的腦部內，多巴胺與去甲基腎上腺素等神經傳遞物（神經遞質）的作用很弱。

人們認為，注意力不集中與過動症狀也是此功能下降所導致。

③角回

・**讀書寫字的功能**

人們認為，這3個部位的腦部功能下降是導致腦部功能不均衡的原因。

遺憾的是，關於包含LD在內的所有發展遲緩的腦部功能障礙，人們目前仍不知道詳細的原因。

不過，**還是請大家先將「腦部出現某種不均衡的情況」這一點記在腦海中吧。**

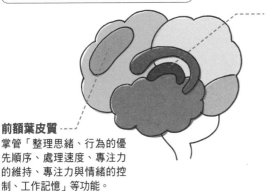

與ADHD特性相關的大腦部位

腹側紋狀體
在面對不適當的報酬或眼前的利益時，能控制衝動

前額葉皮質
掌管「整理思緒、行為的優先順序、處理速度、專注力的維持、專注力與情緒的控制、工作記憶」等功能。

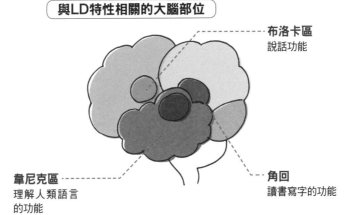

與LD特性相關的大腦部位

布洛卡區
說話功能

韋尼克區
理解人類語言的功能

角回
讀書寫字的功能

請試著這樣做吧！

發展遲緩的特性是腦部的部分功能不均衡所造成的。

發展遲緩的界線很模糊

有時候，亞斯伯格症、ADHD、LD的特性也會同時出現

即使是專科醫師，也很難診斷出發展遲緩的各種特性

在發展遲緩兒童當中，有些兒童身上會同時出現亞斯伯格症、ADHD、LD的特性。

舉例來說，即使是被診斷為亞斯伯格症的孩童，也可能會出現「上課時，突然開始說出心中想的事情」、「就算被朋友搭話，也不聽」這類ADHD的特性。

另一方面，在被診斷為ADHD的兒童當中，也有人會出現「無法順利地依照字音讀出漢字」、「解不出簡單的計算問題」這類LD的特性。

實際上，特性同時出現的情況是很常見的，像是「亞斯伯格症＋ADHD」、「亞斯伯格症＋LD」、「ADHD＋LD」等。

不過，由於亞斯伯格症、ADHD、LD的特性的界線很模糊，所以即使是專科醫師，在診斷時也會感到猶豫。

另外，有時也會依照其中特性最明顯的症狀來決定診斷名稱。

因此，請大家不要過度拘泥於診斷名稱。

說起來，養育孩子原本就不能只靠指南手冊。

舉例來說，雖說孩子被診斷為亞斯伯格症，但如果家長受限於診斷名稱，只照本宣科地依照指南書來進行療育的話，就無法提供孩子適當的協助。

如果亞斯伯格症兒童、ADHD兒童、LD兒童各有1000人的話，那應對方式就有1000種。

對於家長來說，重點在於，要一邊參考一般所推薦的指南手冊，一邊隨機應變地透過適合孩子的方式來教導。

具備亞斯伯格症與ADHD特性的孩童
靜不下心來，無法專心讀書。上課時，會走出教室。

具備ADHD與LD特性的孩童
說話雜亂無章，跟不上課程進度。

具備亞斯伯格症與LD特性的孩童
無法一心多用。上課時，無法一邊將黑板上的字抄進筆記本，一邊聽老師說話。

請試著這樣做吧！

發展遲緩的療育
光靠指南手冊是行不通的。
請觀察孩子的特性，
採取隨機應變的應對方式吧！

在面對發展遲緩（亞斯伯格症候群、ADHD、LD）時，早期發現 早期治療很重要！

依照個人差異，察覺症狀的時機也不同

一旦出現發展遲緩的徵兆，就立刻前往有專科醫師的醫院吧

以發展遲緩（亞斯伯格症候群、ADHD、LD）的情況來說，由於在嬰幼兒期很難得知發展異常，所以很難診斷，有時也會漏掉徵兆。

每個孩子情況都不同，有的孩子會在開始過團體生活後才開始出現症狀，有的人則是在長大成人後，症狀才變得明顯。

在參與「自閉症譜系障礙所包含的障礙之一的亞斯伯格症」研究的研究者當中，有人認為在亞斯伯格症中，遺傳因素很重要。

因此，當家長為亞斯伯格症患者時，就可能會遺傳給孩子。

當家長感覺到孩子「也許罹患了亞斯伯格症」時，請盡早讓孩子接受「小兒神經科」、「兒童精神科」等專科醫師的診斷吧。

另外，試著向發展障礙人士扶助中心諮詢，應該也是不錯的選擇吧。

當孩子正在就讀托兒所、幼稚園、小學時，藉由和老師商量，老師應該會介紹適當的諮詢單位給家長。

同樣地，如果感覺到ADHD或LD的特性時，也請立刻讓孩子接受專科醫師的診斷。

在面對發展遲緩時，早期發現·早期治療很重要！

這是因為，與其讓孩子進入團體生活後，感受到「為什麼我和別的孩子不一樣」這種痛苦，家長與周遭的人倒不如提前發現孩子的特性，採取應對措施，藉此就能讓孩子持續地培養其優點。

為了讓孩子能夠開心地過著團體生活，重點在於，家長與周遭的人要盡早地察覺孩子的特性，並採取應對措施！！

容易發生在發展遲緩兒童身上的續發性障礙的應對方法

請減輕孩子的壓力，預防續發性障礙發生吧

發展遲緩兒童出現續發性障礙的原因

「○○明明做得到，為什麼你卻做不到呢？」

「不要在眾人面前吵鬧！」

「為什麼連這種計算問題都不會？」

您曾經像這樣地對孩子生氣嗎？

當孩子做不到簡單的事，或是吵鬧也不看場合時，家長確實會變得想要發火。

不過，如果家長和老師只著重於「任性」、「自私」、「不認真」、「不努力」孩子這方面的行為，並責備孩子的話，孩子就會開始貶低自己，深信自己是個沒用的人。

事實上，發展遲緩的特性是腦部功能的不均衡所引起的。

因此，**由於發展遲緩兒童也不知道自己具體上是因為什麼事而被罵，所以會抱持著無法說出的痛苦，並感到煩惱。**

另外，當家長與老師沒有理解發展遲緩的特性時，孩子就會對大人產生不信任感，然後開始反抗、遭受責備、否定自己……有時也會陷入這種惡性循環，使孩子和家長、老師之間的關係惡化。

結果，孩子就會更進一步地反抗，口出惡言，使用暴力，或者是罹患憂鬱症，發生逃學之類的問題行為。

這類問題行為被稱作「續發性障礙」。

由於具備發展遲緩特性的孩童會讓周遭的人產生「不夠努力」、「不懂別人的心情」這類誤解，而且孩童本身的特性也不被理解，所以孩童會變得精神不穩定，容易導致續發性障礙。

發展遲緩特性所造成的
問題行為

遭受家長或老師過度責罵

・不明白遭受責罵的理由
・孩童會貶低自己，陷入
　惡性循環

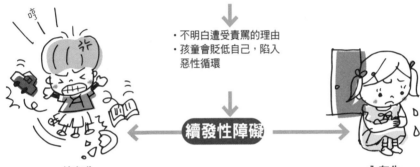

續發性障礙

外在化
・因為不滿與憤怒而對父母
　和老師產生反抗心態。
・引起辱罵、暴力、過度反
　抗、離家出走等行為。

內在化
・內心累積大量不滿與憤
　怒，引發憂鬱症或強迫症
　的症狀。
・形成逃學、對人恐懼症、
　繭居族等情況。

發展遲緩兒童經常出現的續發性障礙

　　依照「外在化」與「內在化」，發展遲緩兒童容易引發的續發性障礙的顯現方式不一樣。

　　常見的外在化症狀為「對立性反抗症」。在此症狀中，患者會經常感到煩躁，不聽父母和老師說的話，反而會對周遭的人採取挑釁行為。再加上，只要不滿與憤怒進一步升級，就會反覆出現辱罵與極度反抗行為。

　　另一方面，常出現的內在化症狀則包含了「憂鬱症」、「焦慮症」、「廣泛性焦慮症」、「分離焦慮症」、「強迫

症」等。這些症狀是孩子本身累積了大量不滿與憤怒，導致內心無法承受過度壓力而形成的狀態。

續發性障礙的顯現方式	症狀
憂鬱症	・立刻就會感到焦躁。　・晚上會失眠。
	・對喜愛的事物失去興趣。
	・情緒變得非常低落。　・靜不下心來。
焦慮症	・在日常生活中容易感到過度不安與恐懼。
	・焦慮症的種類主要包含「恐慌症」、「廣泛性焦慮症」、「分離焦慮症」、「強迫症」等。
恐慌症	・會突然感到過度不安或恐懼，陷入恐慌。
	・會引發心悸、噁心感、頭暈等症狀。
廣泛性焦慮症	・在日常生活中，無法應對家中或學校內突然發生的變化。
	・在日常中，經常感到過度不安。
	・變得無法控制不安、恐懼感等情緒。
分離焦慮症	・無法離開母親等親近者。
	・無法獨自上學。
	・會出現頭痛、腹痛、憂鬱症、無精打采等身心症狀。
強迫症	・明明知道這樣做沒有意義，但卻無法抑制不安感。
	・由於不安感的緣故，所以在日常生活中，必須重複確認相同的行為，像是「手洗了好幾次」等。

名為「逃學」的續發性障礙

具備發展遲緩特性的孩童，即使很努力，還是可能會因為「遭受父母、老師責罵」，或是「被同學嘲笑」而變得不想上學。

舉例來說，會發生下列這類情況。

・因為把朋友的玩笑話當真而大發雷霆，所以被班上同學敬而遠之。

・因為依照自己的興趣來行動而被朋友認為自私，遭到朋友討厭。

・即使拼命地努力聽課，也完全無法理解，逐漸覺得上課很痛苦。

在這類例子中，**如果孩童無法獲得父母與老師的理解，孩童就會變得更加不安，產生自卑感與絕望感，以「逃學」這種形式來引發續發性障礙。**

透過父母的理解與安心感，就能預防續發性障礙

無論是大人還是小孩，受到「自己是個沒用的人」這種自卑感折磨的狀態，會對精神產生不良影響。

更何況是「從兒童時期就開始貶低自己，對父母、老師、朋友都感到不信任」的狀態。這種情況會摧毀孩子好不容易才顯現的潛力。

因此，為了讓孩子能夠健全地成長，請父母好好地預防續發性障礙發生吧。

首先，最重要的是，父母要接受「孩子有困難」這件事，然後一步步地一起思考。此時，**父母與老師一起掌握孩子「在家中的情況」、「在學校內的情況」，也是很重要的事。**

接著，父母不應關注孩子的負面言行，而是要稱讚其優點。

舉例來說，當孩子在做擅長的事情時，就要用「你很會○○耶，好厲害喔！」這類話語來稱讚。

當孩子得到父母的稱讚後，就會提昇自我價值感，對自己產生自信。

另外，由於具備發展遲緩特性的孩子不容易適應環境的變化，所以在家中營造一個能讓孩子放鬆的環境，使其可以安心生活，也很重要。

預防續發性障礙就是要將孩子從壓力中解救出來，使其精神狀態變得穩定。而且，父母藉由理解、誇獎孩子，就能讓孩子更容易感受到父母的愛，使孩子能夠安心地生活。

請試著這樣做吧！

無論何時，父母都是孩子最可靠的同伴！請接受「孩子陷入困境，感到苦惱」的事實，一起思考解決之道吧！

何謂亞斯伯格症

亞斯伯格症是自閉症譜系障礙所包含的障礙之一

被視為「似乎有點怪？」的孩子們

近年來，在電視、報紙、網路上，人們經常會提到亞斯伯格症，相關的雜誌與書籍也出版了很多。

話雖如此，即使是「亞斯伯格症」這個詞彙變得知名的現在，事實上，人們對於症狀的理解還是不深。

另外，由於具備亞斯伯格症特性的人在外表上並沒有奇特之處，所以會被周遭的人視為「有點怪的人」。

而且，在具備亞斯伯格症特性的人當中，也會出現「連本人或家人都沒有察覺」的情況。

亞斯伯格症指的是「自閉症譜系障礙」所包含的障礙之一。由於腦部功能天生就不均衡，所以在發展上也會出現不均衡的情況。

雖然某些部分的特性類似「自閉症譜系障礙」當中所包含的**「自閉症」**，但差異在於，亞斯伯格症不會出現「智能發展遲緩與語言發展遲緩」這類特性。另外，雖然也類似「**高功能自閉症**」，但差異在於，亞斯伯格症不會出現「語言發展遲緩」這項特性。

再加上，具備亞斯伯格症特性的人也可能會同時出現ADHD或LD的特性。

理解亞斯伯格症的特性

一般來說，據說亞斯伯格症的特性會從3歲左右開始顯現。舉例來說，在幼兒期，會出現「當其他孩子在遊玩時，自己卻在一旁獨自遊玩」、「比起同年齡層的孩子，更想和大人玩」、「討厭和父母的眼神交會」等情

況。

　雖然在亞斯伯格症兒童當中，也有語言發展稍微緩慢的孩子，但大多數的孩子都會學大人說話。

　另外，由於也有孩子會積極向周遭的人搭話，所以其發展遲緩特性似乎不易被周遭的人察覺。

　然而，由於亞斯伯格症兒童的溝通方式比較特殊，所以**不擅長建立人際關係**。

不擅長溝通──
自說自話，無法和對方對話
・無法理解舉例與玩笑話等。
・會模仿大人說話。
・不擅長聽對方說話。

缺乏社會適應能力──
雖然沒有惡意，但是會不看場合地做出荒唐行為
・無法做出顧慮對方心情的行為。
・無法將自己的心情傳達給對方。
・沒有考慮到對方的情況，就一股勁地說。
・若使用意思模糊的「這個」、「那個（靠近對方）」、「那個（離雙方都很遠）」，會聽不懂。

不擅長想像──
很固執，不懂變通，不會隨機應變
・拘泥於自己的規則
・對於喜愛的事物很固執
・無法同時做多件事
・不明白時間的概念

五感過於敏感，
動作不自然，很笨拙
・視覺／聽覺／觸覺／味覺／嗅覺很敏感，或是很遲鈍。
・運動能力發展不均衡

亞斯伯格症兒童無法理解「普通人應該會這樣做吧」這種一般的不成文規定。

這是因為，**他們不擅長理解對方的心情**。

舉例來說，像是「即使正在和朋友玩，只要興趣轉移到其他事物上，就會退出遊戲」、「很堅持要玩自己想玩的遊戲，絕不讓步」、「不參加需要和班上同學合作的活動」、「即使會傷到人，還是會將心中想法立刻說出口」等情況。

因此，在團體生活中，也可能會因為行為沒有考慮到對方的心情或情況而引發糾紛。

結果，有的孩子會交不到朋友，並因為人際關係的糾紛而遭到霸凌。

英國的精神科醫師羅娜・維恩（Lorna Wing）透過以下3點來分析這些亞斯伯格症的特性。

・不擅長溝通
・缺乏社會適應能力
・缺乏想像力

此外，**亞斯伯格症患者在身體機能方面也會出現「五感（視覺、聽覺、觸覺、味覺、嗅覺）非常敏感或遲鈍」的特性**。對聲音特別敏感也可以說是亞斯伯格症的徵兆。

另外，由於運動能力發展不均衡，所以也會出現動作笨拙，不擅長運動的情況。

父母在理解這類特性後，要以簡單易懂的方式傳達給孩子。這樣才是高明的亞斯伯格症應對方式。

亞斯伯格症兒童的3種個性

亞斯伯格症兒童會出現以下這3種個性。

①積極奇特型
・毫不在意地向陌生人搭話
・親暱地與人接觸

②消極型
・不會主動地與人交往
・若受到邀約的話，就會答應

③孤立型
・喜愛獨處
・討厭與人交往

這些類型會隨著年齡而持續產生變化。

舉例來說，有個孩子在小學時期會向任何人搭話（積極奇特型），但上了國中後，就變得不和人說話，總是獨自行動（消極型・孤立型）。雖然有的人會負面地看待這3種個性，但我認為這些個性是他們的特色。

亞斯伯格症兒童具備非常強烈的「固執」個性。當這種個性發揮在讀書、嗜好等孩子有興趣的事物上時，有時也能**讓孩子專注於一件事，並獲得成果**。結果，就能培養出孩子的自信。

因此，請父母不要只在意孩子的缺點，而是要好好地引導，培養孩子的優點。

嗨！

昆蟲的生態…

積極奇特型
・毫不在意地向陌生人搭話
・親暱地與人接觸

一起想玩呀…

默不作聲

孤立型
・喜愛獨處
・討厭與人交往

消極型
・不會主動地與人交往
・若受到邀約的話，就會答應

這個借我

請試著這樣做吧！

請一邊尊重亞斯伯格症兒童的坦率舉止，一邊教他如何與人溝通吧！

亞斯伯格症的相關社會環境

在日本，每一百人，就有一人罹患亞斯伯格症？

變得容易被專科醫師診斷出來

在日本，據說每1000人，就有2.72人罹患自閉症（包含亞斯伯格症）[*1]。在2012年的資料中，則說每100人中會出現1名患者[*2]。

我認為，造成這種結果的原因為以下3點。

①廣泛性發展障礙（現在的自閉症譜系障礙）的概念的擴大

②雖然亞斯伯格症患者的絕對數沒有改變，但專科醫師的診斷數增加了

③實際上，亞斯伯格症患者增加了

也就是說，由於在社會上，人們對於發展遲緩的認識有所進步，而且專科醫師也增加了，所以亞斯伯格症的特性變得較容易被專科醫師診斷出來。

然而，**實際上，與發展遲緩兒童相關的社會環境還沒有歐美國家那麼進步。**

舉例來說，在美國，從超過40年以前就開始實施「TEACCH教學法」了。這項教學法以北卡羅來納大學為中心，促進了對於自閉症等發展遲緩兒童的自立支援。另外，透過地區性的支援，也能讓發展遲緩兒童適應地區社會，過著自立的生活。

今後，在更加需要溝通能力的現代社會中，我期待在日本也能推動以發展遲緩兒童為對象的支援計畫。

* 1 Honda, H., Shimizu, Y., Imai, M., & Nitto, Y. (2005). Cumulative incidence of childhood autism: A total population study of better accuracy and precisionDevelopmental Medicine and Child Neurology, 47, 10-18.
* 2 一般地區的成年居民罹患率（土屋, 2012 「治療：成人的發展遲緩特輯」）■自閉症譜系障礙（ASD） 1.0% (男性1.8%,女性0.2%)

美國精神醫學學會將亞斯伯格症統一為自閉症譜系障礙

1944年，維也納大學的小兒科教授漢斯‧亞斯伯格（Hans Asperger）在關於自閉症的論文中發表了一項研究，這就是亞斯伯格症的起源。

雖然當時發表後沒有受到關注，但從1980年代，英國的自閉症研究者羅娜‧維恩（Lorna Wing）在自閉症相關論文中介紹了「亞斯伯格症」後，研究才有了進展。

目前，亞斯伯格症的判斷標準為以下2者。

- WHO：ICD-10（『國際疾病與相關健康問題統計分類』）
- 美國精神醫學學會：DSM-5（『精神疾病診斷與統計手冊第5版』）

2013年5月，美國精神醫學學會將診斷標準「DSM」修訂為「DSM-5」。在DSM-5當中，將目前包含自閉症與亞斯伯格症在內的廣泛性發展障礙統一稱作「自閉症譜系障礙（ASD）」。話雖如此，在日本，目前人們所熟知的依然是「亞斯伯格症」這個診斷名稱。

請試著這樣做吧！

正因為日本社會對於發展遲緩的理解還不夠深，所以更要請父母們好好面對孩子的特性，培養孩子的優點吧！

亞斯伯格症兒童會顯現的特性與應對重點

（ **特　性**
無法理解舉例與玩笑話等 ）

　　由於亞斯伯格症兒童的腦部功能發展不均，所以會依照字面上的意思來理解對方所說的話。

　　舉例來說，如果對嬰兒說「皮膚跟雞蛋一樣光滑，好羨慕喔」這種話，孩子就會做出「嬰兒並不是雞蛋」這類回答。

　　由於孩子會像這樣地**依照字面上的意思來理解，無法理解話語背後的涵義，所以無法順利地與人對話。另外，由於會直率地相信朋友的玩笑話，所以也無法感受對話的樂趣。**

　　結果，就會讓對方覺得「這人真怪啊」，也會因為對話上的誤會而引發爭吵

應對重點

‧告訴他話語背後的涵義。

‧盡量不使用比喻。

‧聽了玩笑話的內容後，告訴他「為什麼大家都在笑？」。

在亞斯伯格症兒童當中，**有的孩子會模仿大人說話**。舉例來說，在向要好的朋友提出請求時，一般會使用「孝太郎，把足球拿過來」這種直率的措辭。然而，亞斯伯格症兒童卻會使用「加藤君，請你把足球拿過來」這種很見外的禮貌措辭來請求對方。

這是因為，他們不擅長去察覺眼睛看不見的人際關係變化。另外，有的孩子也會像電視新聞主播那樣，使用沒有抑揚頓挫的單調說話方式。

對話能力原本就是藉由與父母或朋友等親近的人溝通來培養的。不過，由於亞斯伯格症兒童具備「不擅長溝通」這項特性，所以會透過電視或書籍等方式來學習措辭。因此，由於孩子會在沒理解涵義的情況下就認識了困難的詞彙，所以有時也會使用不合適的彆扭詞彙。

應對重點

- 教導他適合用於對方的敬語和措辭。
- 不要嘲笑亞斯伯格症兒童的說話方式。

「老師講」

是「老師說」才對喔。

亞斯伯格症兒童**即使擅長說出自己有興趣的事，卻不擅長聽對方說話。**

這是因為，亞斯伯格症的特性為，無法將「口語」和「書面語」的意思理解為相同的東西。

因此，即使孩子看起來像是在聽周圍的人說話，但大多完全無法理解話中的內容。

再加上，**由於孩子無法領會對方的情緒，所以即使對方很開心地說話，孩子也只會面無表情地聽著，如果沒有興趣的話，孩子就會離開該處。**

另外，如果因為視覺訊息或周圍情況而讓孩子有所在意的話，就會更加無法專心聽對方說話。舉例來說，當孩子正在和朋友說話時，如果另外一個不熟的同班同學也加入對話的話，注意力就會被對方的臉奪走，變得不去聽對方在說什麼。當班上很吵鬧時，也會因為在意噪音而聽不進對方的話。

不過，雖然不擅長理解對話，但能夠理解寫在紙上的文章。

應對重點

- 向孩子搭話時，一定要等到進入孩子的視線後，再打招呼。
- 使用圖片或照片來說明喜怒哀樂的表情、行為、舉止等。

缺乏社會適應能力　雖然沒有惡意，但是會不看場合地做出荒唐行為

特　性
若使用意思模糊的「這個」、
「那個（靠近對方）」、「那個（離
雙方都很遠）」，孩子會聽不懂

舉例來說，想要請孩子拿放在桌上的手機，並說出「可以幫我拿放在那裡的手機嗎？」這句話時，孩子會不知道「那裡」指的是哪裡。也就是說，由於孩子無法透過表情、樣貌來推測，所以**當有人下達「這個」、「那個（靠近對方）」、「那個（離雙方都很遠）」等意思模稜兩可的指示時，孩子就無法理解。**

請拿起放在桌上的杯子。

應 對 重 點

・不要使用指示代名詞，而是要用具體的詞彙來傳達意思。

特　性
無法做出顧慮對方心情的行為

在與人溝通方面，亞斯伯格症兒童不擅長採取「合乎情況的態度」與「顧慮對方心情的行為」。也就是說，由於缺乏同理心，所以無法透過客觀的角度來發言或行動。舉例來說，當朋友因為讀書心得獲獎而開心地過來搭話時，他也只會面無表情地聽。另外，在面對很在意自己很胖的孩子時，若他覺得「你好胖喔」，就會直接將心中想法說出口，傷害對方。

周遭的人容易因為這類言行而覺得他是個「討厭的傢伙」。

話雖如此，由於他本人只是坦率地說出自己知道的事，所以沒有惡意。正因如此，**他也不會察覺到「對方很難過」、「對方很生氣」、「自己遭到別人討厭」**。這是因為，**他無法進行「自己的話是如何傳達給對方的？」這種客觀的想像**。說起來，亞斯伯格症兒童原本就不太關心別人，也不擅長透過對方的表情來想像其心情。

因此，會被周遭的人認為這孩子「真奇怪」，依照情況，也可能會發生霸凌事件。

應對重點

- 教導他哪些話對方聽了會討厭。
- 使用能得知喜怒哀樂表情的圖片或照片來說明「為什麼對方會感到厭惡呢？」。

討人喜歡的話
- 謝謝
- 來喜
- 加油
- 真可愛
- 好漂亮
- 好帥

討人厭的話
- 胖子・醜八怪
- 笨蛋・混蛋
- 你這傢伙
- 去死
- 很煩

由於亞斯伯格症兒童缺乏同理心，所以不擅長想像對方的心情，而且**也不擅長將自己的心情傳達給對方。**

舉例來說，請人買了自己想要的遊戲軟體後，連一句謝謝都沒說，就面無表情地開始玩。因此，容易使不瞭解亞斯伯格症特性的大人產生「面無表情的孩子真不可愛」這種誤解。

然而，他本人卻充滿著「得到了遊戲，真開心」這種心情。也就是說，他只是不知道該如何表達「開心」這種情緒，他還是會有喜怒哀樂。

相反地，當孩子懷抱著「悲傷」、「痛苦」等煩惱時，有時也無法坦率地將心情表達出來。

為了避免「無法向任何人諮詢煩惱，獨自苦惱」這種情況發生，所以父母要多留意孩子的情況，並提供協助。

應對重點

- 教導他問候和道謝的應答方式。
- 使用圖片或照片來說明喜怒哀樂的表情、行為、舉止等。
- 直接問他現在的心情如何。

**特　性
沒有考慮到對方的情況，
就一股勁地說**

亞斯伯格症兒童對於自己有興趣的事情，會一直說個不停，而不會考慮到對方的情況。即使對方露出「真無聊呀」的表情，由於他也無法透過對方的表情來想像其心情，所以會毫不在意地繼續說個不停。另外，一旦出現令他在意的事情，他有時也會打斷對方的話，然後自己開始說話。從第

三者的觀點來看，對話看起來似乎是成立的，**但實際上對話並沒有在交流。因此，也無法進行溝通。**

另一方面，**由於無法理解「人際距離感」**，所以在和對方說話時，有時候會靠得非常近，讓對方感到困擾。

應對重點

- 「孝太郎說完後，就換久志說吧」像這樣地，教導他具體的對話規則。
- 教導他不能一直盯著對方的臉。
- 教導他「與朋友之間的距離感」。

不擅長想像　很固執，不懂變通，不會隨機應變

特　性
拘泥於自己的規則

由於具備亞斯伯格症特性的兒童**不會隨機應變**，所以要藉由「**拘泥於自己的規則**」才能安心地生活。

舉例來說，像是「每天早餐都想吃水煮蛋、牛奶、吐司」、「只走固定的路」、「鉛筆盒中的鉛筆要照順序放好」、「碰到某種東西後，一定要洗手」等。

因此，當環境中出現「變更房間布置」之類的變化時，就會感到很不安。另外，由於在行動步驟方面，也有自己一套詳細規則，所以舉例來說，即使有人只是擅自移動他的玩具，他也會非常生氣。

規則一旦遭到破壞，亞斯伯格症兒童就會陷入恐慌，大聲哭泣，拍打別人，丟擲物品，把不安情緒發洩在別人身上。

另一方面，由於不具備客觀的觀點，所以會覺得別人的想法和自己一樣，所以容易出現「**強迫別人遵守的自己規則**」的情況。因此，當朋友的作法違反自己的規則時，也可能會開始生氣。

應對重點

- 進行「變更房間布置」之類的變更時，要事先告知。
- 製作時間表，並讓他確認。
- 父母要理解孩子的堅持。
- 當孩子陷入恐慌時，要先換個地方，再冷靜地應對。

變更房間布置

確認……

時間表

在亞斯伯格症兒童當中，也有記憶力很出色的孩子。

舉例來說，像是「能記住世界上所有車子的車型」、「能記住全國的電車路線、車廂種類、車站名稱、時間表」、「能記住恐龍的所有種類與屬性」、「能記住昆蟲的所有種類與屬性」、「能夠背誦圓周率」等。由於一旦有了喜愛的事物，就會**變得非常固執，所以會記住龐大的知識**。

應對重點

· **認同孩子的固執，給予具體的稱讚。**

車站名稱、恐龍的名稱

昆蟲的名稱

好厲害喔！也教教媽媽

具備亞斯伯格症的成年人會出現這種情況。舉例來說，無法一邊講電話，一邊作筆記。

當然，孩子也會具備這種特性。舉例來說，像是「上課時，無法一邊聽老師講話，一邊把黑板上的字抄進筆記本中」等情況。

也就是說，**亞斯伯格症兒童一次只能做**「聽老師說話」或「抄寫筆記」其中**一件事**。

專家認為，這是因為腦部的「工作記憶」出了問題。工作記憶指的是，用來將必要的資訊暫時記錄下來的功能。

我們平常在進行「溝通」、「讀書寫字」、「計算」等行為時，都會下意識地使用這項功能。因此，我們可以一邊做一件事，一邊做其他多件事情。

不過，由於亞斯伯格症患者的工作記憶會出現不均衡的情況，所以無法同時做多件事。

應對重點

・下達指示時，一次只下達一項指示。

・依照順序來下達指示，並提供協助。

・不要強迫孩子去做他做不到的事。

麻煩你收拾餐桌！

只下達一項指示

亞斯伯格症兒童無法理解眼睛看不到的**「時間概念」**。這是因為，他們沒有將「過去、現在、未來」的時間流動視為「線」，而是當成「點」來看待。

因此，亞斯伯格症兒童會突然回想起好幾年前的記憶，並覺得那好像是「剛剛」才發生的事。另外，有的孩子也會因為回想起過去的心理創傷而陷入恐慌。

應對重點

・製作時間表，給他看一天的流程。

1 天的時間表

早上6:00

五感或運動能力的
不均衡所產生的特性

視覺的不均衡

由於視覺很敏感,所以有的孩子甚至會覺得家中和學校內的日光燈的光線很刺眼,喜愛較昏暗的地方。另一方面,也有孩子會喜歡玻璃等會閃閃發亮的東西。

聽覺的不均衡

由於聽覺很敏感,所以很怕聽到「吸塵器、洗衣機、加濕器等生活噪音、學校鐘聲、街道上的人群聲、施工現場的聲音、消防車與救護車等的警笛聲」,會無法專心。有些孩子聽到運動會的賽跑中所使用的發令槍聲音後,也會陷入恐慌。

觸覺的不均衡

由於很喜愛身邊的毛巾毯或布偶等物品的觸感,所以不肯放開。另一方面,由於觸覺很敏感,所以當衣服的材質或標籤等不適合孩子的體質時,皮膚可能會出現強烈的不適或疼痛。另外,也不喜歡身體被別人觸碰。

味覺的不均衡

這與一般的挑食不同,由於味覺很敏感,所以對於調味和口感等很講究。因此,即使是相同的料理,只要調味、口感不同的話,就吃不下去。

某些孩子也會出現「持續只吃特定食物」的情況。

另一方面,由於視覺的影響,所以會透過料理的外觀來判斷「是否能夠入口」。另外,無法均衡地透過三角進食法來吃擺放在餐桌上的「味噌湯、白飯、漢堡排」等,也是其特徵。

嗅覺的不均衡

由於嗅覺很敏感，所以無法忍受學校營養午餐、廁所、體育館倉庫的氣味。另外，也討厭聞到香菸、香水、頭髮化妝品（髮蠟、髮膠等）等混雜在一起的人群氣味。

運動能力的不均衡

亞斯伯格症兒童大多不擅長運動。另外，由於手指尖不靈活，所以有時也無法順利進行「寫字、使用筷子或湯匙」等動作。

這就是腦部功能所導致的運動能力不均衡。結果，身體的動作會變得笨拙。另外，由於手、腳等身體的姿勢感覺也很模糊，所以無法順利進行「使用手指尖、走路、跑步、坐下、保持固定姿勢」等動作。

具備傑出才能的
亞斯伯格症與學者症候群

在具備亞斯伯格症特性的人當中，也有智商特別高的人。

在名留歷史的知名人士當中，「他應該是亞斯伯格症患者吧？」被這樣說的人很多。

舉例來說，像是發明大王湯瑪斯・愛迪生（Thomas Edison）、理論物理學者亞伯特・愛因斯坦（Albert Einstein），最近的話，則有微軟公司的比爾・蓋茲（Bill Gates）、蘋果公司的史蒂夫・賈伯斯（Steve Jobs）等，這些都是改變了世界的天才。

另一方面，在具備自閉症譜系障礙特性的人當中，有些人也會具備學者症候群的特性。學者症候群患者無論智商為何，都具備出色記憶力，能夠在特定領域發揮難以估計的能力。

有的人具備「能將事物完全正確地記住」的特殊能力，舉例來說，像是「能將看過的書全部記下」、「在短時間內記住龐大的訊息」、「擁有絕對音感，只要是聽過的音樂，就能立刻記下，並進行演奏」等。

畫家山下清也能記住在旅行地點看過的風景，回到家後，他畫出了烙印在自己記憶中的風景，完成了作品。因此，有人認為他應該也是學者症候群患者。

目前我們還不清楚，為何學者症候群患者能夠發揮特殊能力。
不過，可以確定的是，他們與亞斯伯格症患者相同，能夠在特定領域發揮出類拔萃的才能。

何謂ADHD
（注意力不足過動症）

光靠本人的「努力」或「毅力」，無法改善ADHD！

孩子或多或少都有ADHD的特性？

「孩子不聽話，每天都責罵他……」

「『不管提醒過多少次，上課時走來走去的毛病還是改不掉』老師又和我聯絡了。」

「又忘了帶課本去學校……」

也許有很多父母會這樣地悲嘆。

話雖如此，請大家試著回想看看。在自己的童年時期，班上是不是也有幾名像那樣的孩子呢？另外，在童年時期，大家應該都有受到父母「快去念書」、「把東西收拾好」這樣責罵過吧。這樣說也不怕大家誤會，我們可以說，孩子或多或少都有ADHD的特性。

不過，具備ADHD特性的兒童並非最近增加了，而是從以前就佔有一定的比例。

ADHD（Attention Deficit Hyperactivity Disorder）翻成中文的話，意思就是「**注意力不足過動症**」。**據說，在日本，具備ADHD特性的兒童的比例約為5％。男女比例為5比1，男生數量比女生來得多**。ADHD的原因為腦部的部分功能發展不均衡，導致患者出現「靜不下心來，到處走動」、「注意力不集中」等特性。另外，專家認為，ADHD也和其他發展遲緩一樣，會受到遺傳因素影響。因此，**光靠「努力」和「毅力」，無法改善ADHD的特性**。

話雖如此，ADHD兒童的特性如果沒有受到父母與老師理解的話，孩子就容易遭受「懶惰」、「不夠努力」、「經常遺失物品是因為注意力不集中喔」、「為什麼連收拾東西都不會呢」等誤解。如此一來，ADHD兒童就會開始否定自己，對於不被理解

感到痛苦。

為了不讓ADHD兒童有痛苦的回憶，父母與老師在理解孩子的特性後，重要的是，要一邊協助孩子克服不擅長的事物，一邊培養孩子的優點。

對於具備ADHD特性的兒童來說，理解與教導方式的竅門很重要

只要說到ADHD，人們就容易會聯想到「注意力不集中」。**不過，與大多數孩童相比，ADHD兒童只是對於「無趣事物」的適應能力較低，或是注意力持續時間較短罷了。**

相反地，對於有興趣的事物，他們的注意力甚至能持續好幾個小時。因此，如果採取有趣的授課方式，孩子就會產生興趣，願意來上課。

下面就以公立小學的K老師為例。這是距今好幾年前，我在秩父學園擔任受僱醫師時所發生的事。我曾經診斷過具備發展遲緩特性的同卵雙胞胎。K老師就是那對雙胞胎所就讀的公立小學的老師。

K老師透過獨自設計的教材，進行了能讓孩子產生興趣的課程。

舉例來說，像是「以知名漫畫為題材，運用自己製作的漫畫角色布偶來教孩子數學」等方式，透過視覺來吸引孩子的興趣。那對同卵雙胞胎的其中一人進入了K老師所負責的班級就讀。過了一年後，我到該小學去參觀，發現那個孩子變得跟以前截然不同，上課時很專心。

另一方面，在不同班級的另一人則跟以前一樣，不聽課，總是跳來跳去。

由於這兩人是同卵雙胞胎，所以與生俱來的天資應該很接近。然而，就讀K老師班級的學生，與就讀其他班級的學生，卻出現了明顯的差距。

如同透過K老師的例子所得知的那樣，**透過療育，發展遲緩兒童的成長情況會有明顯的改變。**

反過來說，藉由採取適合該孩童的教導方式，就能積極地培養孩子的特性與潛力，使其成長。

正因如此，我認為「父母和老師採用適合各個孩童的教導方式」是更加重要的。

ADHD兒童會顯現的特性與3種類型

ADHD的特性包含了「注意力不集中」、「過動症」、「衝動性」這3類特性。

①注意力不集中

・注意力散漫，專注力持續不久。

・經常遺失物品。

・發呆。

・不會收拾物品。

・經常犯下粗心所導致的錯誤。

……等

②過動症

・靜不下心來。

・想要活動身體。

・太愛說話。

・行動時不會考慮到周遭情況。

……等

③衝動性

・一想到某件事，就會立刻說出來。

・不遵守順序。

・打斷、阻礙別人說話。

・因為一點小事就變得情緒化，做出粗暴行為。

……等

當在家中、托兒所、幼稚園、小學等處的2～12歲孩童出現這類特性時，就可能是ADHD。

出現ADHD特性的人，主要可以分成下列3種類型。

①注意力不集中型

②過動＋衝動型

③混合(注意力不集中＋過動症＋衝動性)型

在ADHD兒童當中，有的孩童會強烈顯現「注意力不集中」的特性，也有孩童屬於混合型，會同時出現「注意力不集中＋過動症＋衝動性」這3種特性。

另一方面，在ADHD兒童當中，也有同時具備亞斯伯格症或LD特性的孩童。

此時，請不要拘泥於一般的標準，產生「跟那個孩子比起來，為什麼我家的孩子……」這種想法。

和其他孩子比較，原本就沒有什麼意義。畢竟每個孩子都不同，說起來，每個人也都不一樣。「雖然有缺點，但也有很多優點」請父母要認同孩子的特性，並透過適合孩子的方法來提供協助。

過動＋衝動型
會突然大聲說出腦中想到的事情。
上課時，會活動身體，有時也會跑出教
室。

注意力不集中型
總是發呆，經常遺失物品。
容易忘記父母和老師說過的事情。
不擅長收拾東西。

**混合（注意力不集中＋過動症＋衝動
性）型**
容易忘記在班上負責的工作。排隊拿營養午
餐時，會插隊。會忘記家中和學校的規定。

請試著這樣做吧！

依照父母和老師的指導方式，
ADHD兒童也會迅速地朝好的方向
持續成長

ADHD兒童會顯現的特性與應對重點

注意力不集中型

特　性
即使提醒，也會經常忘了拿東西或遺失物品

不管再怎麼提醒ADHD兒童「不要忘了拿」，還是會忘了拿東西或遺失物品。

舉例來說，像是「忘了要給監護人看的通知文件」、「忘了寫作業」、「忘了帶運動服」、「忘了上才藝班的時間」、「遺失教科書」、「遺失橡皮擦」、「遺失鉛筆」、「遺失向朋友借的漫畫」等。

在學校生活中，如果太常忘了拿東西或遺失物品，也可能會和老師或朋友引發糾紛。

另外，在ADHD兒童當中，由於有的孩子不會關心別人，只想著自己有興趣的事物，所以看起來會像是在發呆。因此，上課時，也會出現不聽老師說話的情況。

應對重點

・透過攜帶物品清單來管理。
・將必要的物品統一放在某一個場所。

特　性
注意力散漫，無法專心

孩子的好奇心很旺盛。孩子會不禁受到自己有興趣的事物吸引，因而忘了原本應該做的事。先不提程度上的差異，這種事是很常發生的。

只不過，比起其他孩子，ADHD兒童發生這種情況的頻率很高。

舉例來說，像是「專注力連3分鐘都不到」、「上課時，因為聽到來自窗外的聲音而無法專心」、「在整理房間時，注意力被玩具奪走，變得無法專心」、「寫作業時，因為在意桌上的物品而無法專心」等。

這是因為，他們**不擅長將注意力持續放在沒有興趣的事物上**。

因此，由於注意力分散在各種事物上，所以即使好不容易開始做某件事，也無法完成。結果，孩子就會無法理解上課內容，導致學習進度落後。

應對重點
・排定用來整理物品的時間。

・決定物品的固定位置，像是衣櫃、桌上、抽屜內、玩具箱等。

・在衣櫃、桌上、抽屜內，透過隔板來將物品分類。

・**為了讓孩子能夠明白整理方法，所以要事先貼上照片或圖片來當作整理方法的範例。**

・**用布條等物來將會影響孩子注意力的東西蓋起來，不要讓孩子看到。**

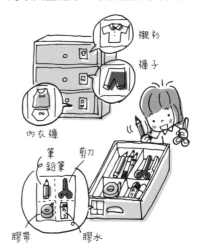

襯衫
褲子
內衣褲
筆
鉛筆
剪刀
膠帶
膠水

過動＋衝動型

特 性
心神不定，靜不下心來

ADHD兒童的特性也包含了「心神不定，靜不下心來」。

舉例來說，像是「上課時，到處走動」、「將注意力轉向在意的事，並開始行動」、「上課時，即使坐著也會擺動身體」、「採取駝背坐姿」、「上課時，會開始說話」、「說話的內容沒頭沒腦」、「會打斷老師的話，並開始說話」等。

ADHD兒童所顯現的這些特性都與環境、狀況無關。話雖如此，不管是「請不要這樣」這樣訓斥，還是「要是○○的話，大家會很困擾對吧」這樣地講道理給他聽，特性也不會改善。

這是因為，這些特性是腦部功能發展不均衡所造成的。

反過來說，對於ADHD兒童而言，這些可以說是很自然的行為。

應對重點

・**不要讓他坐靠近窗邊的座位，將其座位換到不易受到影響的位置。**
・**拜託老師讓他負責「在上課時也能走動」的職務。**
・**不要讓他閒得發慌。**

依照自己的慾望採取衝動的行為，也是ADHD兒童的特性。

舉例來說，像是「當老師在說話時，明明沒有被點到，還是會回答」、「想要去觸碰自己很在意的物品」等。

由於ADHD兒童會依照自己慾望來採取直率的行為，所以對於沒有理解其特性的人來說，也許會「他怎麼突然那樣做？」這樣地感到驚訝。

這種特性的發生原因在於，從「想到一件事」到「採取行動」的過程中，缺少了「思考」這項行為。

應對重點

・**在家中，要透過規範的方式來教導發言方式。**

說話時的規範
● 要先舉手，再說話！
● 等到別人說完後，再換自己說。

ADHD兒童**無法控制「立刻就想做」的慾望或情緒**。舉例來說，像是「不排隊，而是插隊」、「打斷別人的話，然後自己說個不停」等。

這種特性容易使孩子和朋友之間產生糾紛，像是「不依序排隊，而是亂插隊」、「打斷朋友的話，自己說個不停」等。

遵守順序時的規範
• 排隊時，要排在隊伍最後面。
• 插隊是不好的!
• 把朋友的話聽完後，再回答。

明白了嗎?

應 對 重 點

・貼出條列式的規範。

・不要跟他說「不遵守順序不行」，而是要用具體的例子來教導他，舉例來說，像是「要先讓孝太郎說完後，再換你說」等。

・無法遵守規範時，要當場向她說明規範。

ADHD兒童會直接展現出喜怒哀樂的情緒。

因此，會被人認為，乍看之下「是個活潑坦率的孩子」。

話雖如此，由於生氣時也會坦率地將情緒表現出來，所以當他被朋友嘲笑時，也可能會很生氣，並大聲吼叫，或是做出粗暴行為。另外，一旦有了不滿意的事，就會發脾氣。

應 對 重 點

・為了避免孩子做出衝動行為，所以要事先教導他正確的行為。

聽朋友說話時，不要打斷他說話喔。

何謂LD（學習障礙）

**明明沒有出現會影響日常生活的智能障礙，
但學習能力卻發展不均衡**

大部分的LD兒童會在某一部分的學習能力上遇到困難

進入小學後，就開始進行正式的學習。

與托兒所、幼稚園相比，要學的東西增加了，像是國語、數學、理科、社會、體育等。

事實上，孩童的LD特性會在這個時期被察覺。

孩子會跟不上該年級的學習進度，而且大部分的例子都能透過日常的學習情況來得知，像是「雖然每天都練習聽寫漢字，但還是記不住」、「不明白『目』和『日』的差異」等情況。

在日本，人們將**LD（Learning Disorders／Learning Disabilities）**稱作「**學習障礙**」。

專家認為，LD的原因是腦部的部分功能低落所造成的，**使人無法理解文字和數字**。

實際上，在LD兒童當中，有些孩童看到的文字與數字是歪斜或重疊的，所以很難理解文字。

日本文部科學省的定義為「學習障礙指的是，雖然基本上沒有出現整體性的智能障礙，但是在學習與使用聽、說、讀、寫、計算或是推論能力當中的特定能力時，會明顯地感到困難的各種狀態。

根據專家的推測，學習障礙的原因在於，中樞神經系統出現了某種功能障礙。但是，視覺障礙、聽覺障礙、智能障礙、情緒障礙等障礙，以及環境因素，都不是直接因素。」（『關於學習障礙兒童的指導（的報告）』，1999年）

也就是說，LD兒童儘管沒有出現會影響日常生活的智能障礙，但是「聽」、「說」、「讀」、「寫」、「計算」、「推論」這類學習能力卻出現了發展

不均衡的情況。

話雖如此，並非所有的學習能力都有問題。

大部分LD兒童在一部分的學習能力方面，會遇到以下這類困難。

- **不擅長國字等文字的讀寫。**
- **在國語課中，不擅長依照字音來讀出國字。**
- **不擅長聽別人說話。**
- **不擅長有條理地說話。**
- **不擅長有點複雜的計算問題。**

- **看不懂數學應用問題的文章涵義。**
- **在數學課中，無法想像圖形的空間。**

依照科目，**「做得到與做不到」的程度會有很大差異**，像是「雖然會普通的算術，但2年級下學期的國語閱讀測驗卻答不出來」等情況。

因此，父母或老師要和孩子一起仔細地思考具備LD特性的孩子「做得到什麼事？不擅長什麼事？」。

何謂失讀症

在LD兒童當中，有許多孩子特別不擅長讀書寫字。

這種特性叫做「**失讀症（dyslexia）**」。研究學者認為，在**LD兒童當中，約有8成是失讀症**。

失讀症兒童在日常生活的對話方面沒有問題，也沒有出現智能障礙。

不過，由於用來閱讀文字的部分腦部功能發展不均衡，所以在學習方面，不擅長重要的「閱讀」、「寫字」。

舉例來說，像是「只能慢慢地閱讀文章」、「文字看起來是歪斜的」、「無法理解讀過的文章的涵義」、「如果詞

彙像「四十、十四」這種讀音相近的話，就容易唸錯」、「無法分辨類似的文字」、「數字變成鏡像文字」等。

從幼年期就會出現這種傾向，在托兒所與幼稚園等處，即使其他的孩子在閱讀繪本，或交換信件，失讀症兒童也不會對這些事物展現興趣。

另外，由於不擅長被視為學習基礎的讀書寫字，所以也會影響到其他科目，像是「無法理解數學的應用問題」等。

另一方面，失讀症兒童對於對話的理解能力，與其他孩子相同。

不過，由於文字看起來的模樣與其他孩子不同，所以在學習的協助方面，必須採用下列這類方法。

- 使用數位錄音筆來錄下學校的課程。
- 在家中，父母使用數位錄音筆或平板電腦的錄音軟體來錄下父母所朗讀的教科書內容，運用在預習和複習上。
- 讓孩子使用平板電腦或筆記型電腦來學習。

在美國與英國等英語圈地區，由於LD和失讀症的特性廣為人知，所以用於協助這類孩童的輔助學習工具也很進步。

另一方面，**在亞洲地區，由於人們不太了解這些特性**，所以對於LD兒童和失讀症兒童來說，可以說是不友善的環境。

最重要的是，父母與老師要理解這些特性，並提供協助。

孩子很苦惱

「無論再怎麼練習漢字聽寫，也記不住……」

像這樣，LD兒童進入小學就讀後，與周遭孩童的學力差距就會不斷擴大，使孩子感到不安。

於是，儘管每天都很努力，但父母、老師、朋友還是會說出「為什麼連那麼簡單的問題也不會？」、「你真的有唸書嗎？」這類話語，使孩子覺得「自己很笨」，愈來愈討厭自己。

照這樣下去，若周遭的人一直沒有理解LD兒童的煩惱與不安的話，也可能會導致憂鬱症或逃學等續發性障礙。

另外，LD兒童也可能會同時出現亞斯伯格症、ADHD等其他發展遲緩的特性。而且，**LD兒童也可能會同時出現「發展性協調障礙」的特性。**

發展性協調障礙指的是一種**難以進行「讓手腳協調地動作、將眼睛看到的事物傳達給手腳」等協調運動的障礙**，像是「手指尖很笨拙」、「跑步方式很不自然」等情況。

舉例來說，像是「鞋帶綁不好」、「上下樓梯的動作很笨拙」、「做漢字填空題時，無法順利將字寫在格子內」等。

像這樣，由於除了LD以外，也會同時出現其他不同特性，所以如果周遭的人不理解的話，LD兒童的痛苦程度就會變得更高。

無論是否有發展遲緩症狀，每個人原本就都不一樣。

重要的是，父母要理解LD兒童的特性，並去找出適合孩童的學習方法。

請試著這樣做吧！

採用一般的學習方法是沒有意義的。
在面對LD兒童時，要採用適合該孩童的學習方法。

LD兒童會顯現的特性與應對重點

特性
不擅長閱讀文章

LD兒童在朗讀的時候，會有拆字讀唸的現象，例如：「李小姐」三個字，孩子會唸成「木子小女且」，因為將單字拆成一個字一個字來讀，所以孩子會無法理解意思，也不知道該在文章的何處進行分段，朗讀方式會變得又慢又結結巴巴的。

另外，如果遇到不會唸的字，有時也會憑想像來唸。明明書上寫的是「小紅帽被大野狼吃掉了」，卻唸成「小紅帽吃大狗狗」，有時也會出現這種變更主副詞的情況。

另一方面，在閱讀文章時，也會搞不清楚自己現在讀到哪裡。而且，讀完後也無法敘述出主要的情節或前後關係。

透過斜線或圈圈來分段。

帶有細縫的薄板。

應對重點

· 將文字放大。

· 擴大文章的行距。

· 準備一個帶有細縫（窗口）的薄板，細縫的寬度為教科書的閱讀範圍。透過薄板，可以將要閱讀的那行的上下左右都遮住。

· 在文章中，依照連貫的詞彙來進行分段，並加入記號。

· 由父母或老師來朗讀，讓孩子理解文章的內容。

· 在國字上標注讀音。

· 當孩子在朗讀時，父母要在一旁給予協助。

· 孩子朗讀完後，要給予稱讚。

（　　特　　性　　）
無法辨別文字
寫不出正確的字

　　無法分別「棒、捧、已、己」等筆劃相像的字。寫字時還會左右顛倒、部首錯置，例如將「部」寫成「陪」。還常常會寫成同音異字，例如：「相反」可能寫成「香反」。

　　另外，孩子在學寫字時，也會出現「字體歪斜」「緩慢潦草」「一部分寫錯」、「沒有範例的話，就寫不出來」、「記不住」、「無法將字寫在填空題的格子內」等各種情況。

　　坊間有些感覺統合訓練，對學習障礙孩子或許有一些間接幫助，但是，最直接的協助方式還是教他如何學習，提供適當學習輔具，調整制式的作業形態與評量方式。

應對重點

· 教孩子記憶策略，讓他明白中文字組合方式與尋找字義線索的管道。

· 試著以錄音或是插圖、剪貼等方式呈現作業內容。

· 準備帶有輔助線，且格子較大的筆記本。

· 透過電腦鍵盤輸入，輔助孩子書寫國字。

· 當孩子在寫字時，父母要在一旁給予協助。

· 若孩子寫出正確文字的話，就要給予稱讚。

不 擅 長 算 術 的 類 型

（　　特　　性
　　不會算術　　）

　　在 LD 兒童當中，**有的孩子無法想像出數字這種抽象概念，很不擅長計算問題**。舉例來說，像是「不明白加法、減法的進位、退位」、「當數字較大時，就不會算」、「搞不懂位數」、「忘掉已學過的東西」等。

　　因此，父母與老師在理解「孩子不明白哪個部分」後，請從孩子失敗的地方一步步地教導他吧。

應 對 重 點

· 使用「數字尺」。

· 製作進位、退位的格子，將其視覺化。

· 使用積木或表格來表示位數，讓數字視覺化。

· 當孩子在計算時，父母要在一旁給予協助。

· 若孩子正確地計算出來，就要給予稱讚。

特　性
看不懂數學的應用問題

應用問題指的是，閱讀文章後，理解要求與問題的目的，進行計算。

話雖如此，LD兒童大多不擅長閱讀文章，有些孩子在一開始的「閱讀題目」這關就受挫了。另外，孩子有時也無法理解問題的意思。

應對重點

- 透過圖片或插圖來將應用問題視覺化。
- 透過言語說明來教導公式。
- 在應用問題中，依照文意來將文章分段，並讓孩子仔細地閱讀。
- 直接詢問孩子哪裡不懂，給予協助。
- 如果孩子能解出應用問題，就給予稱讚。

第2章

當孩子
「做不到」時，
請給予協助吧！

即使責罵孩子「為什麼不會？」，
也無法解決問題行為。本章會介紹好的誇獎方式、
責備方式、搭話方式等用來和孩子交流的溝通技巧。

孩子之所以「做不到」，是有理由的

發展遲緩兒童會以自己的方式來努力

不了解這世上「理所當然的事」

「總是單方面地說個不停，也不聽別人說。」

「一想到什麼就說出口，也不考慮他人心情。」

「過於拘泥於自己的規則。」

「靜不下心來，在書桌前坐不住。」

「注意力不集中，總是發呆。」

「發音不流暢。」

「即使升上3年級了，若不使用手指，還是不會計算。」

「**為什麼不管說幾次，我家的孩子就是學不會？**」我認為有許多父母會像這樣地對孩子的未來感到擔憂。

實際上，具備亞斯伯格症、ADHD、LD等發展遲緩特性的孩童，很不擅長去察覺那些世人認為「理所當然」的潛規則與話語的涵義。因此，無論父母與老師再怎麼提醒他，他也無法理解哪裡做得不好，並感到困惑。

正因如此，**發展遲緩兒童會產生「明明以自己的方式努力了，為什麼卻總是挨罵呢……」這樣的煩惱。**

當然，父母是為了希望孩子幸福，才會使用嚴厲的話語。

不過，依照時機與情況，會出現與父母的想法相反的情況。孩子會覺得自己被完全否定，在家中和學校失去立足之處，感到很痛苦。

撫養發展遲緩兒童的經驗也能提昇父母的社交技巧

每個孩子的特性原本就都不同。我認為，發展遲緩兒童只不過是特性過於明顯罷了。

由於他們的確會有「動作笨拙」、「專注力連３分鐘都不到」、「無法察覺他人的心情與情況」等特性，所以發展遲緩兒童的教育並不是那麼容易。

正因如此，我認為撫養發展遲緩兒童的經驗也會對父母的成長有所幫助。

這是因為，**父母藉由學習能將想法傳達給孩子的溝通技巧，就能提昇社交技巧。**

另外，在這個人人的價值觀並非都相同的社會，**如果能夠理解、接受孩子的特性的話，就會變得也能應付各種人。**

因此，父母的人際關係會變好，也不易產生無謂的壓力。

認真努力型父母往往會很在意孩子的缺點，我由衷地希望父母們一定要一邊重視、欣賞孩子的優點，一邊好好地面對孩子。

請試著這樣做吧！

藉由面對孩子的特性，
父母就能更加提昇社交技巧。

對孩子「生氣」、「責罵」，會造成反效果

基本上，生氣代表的是，教導者的失敗

責罵式教育完全沒有意義

這樣說也許很嚴格，但父母和老師對孩子的言行採取生氣、責罵的應對方式，是完全沒有意義的。

這是因為，責罵式教育是透過「大人很強」這種權力關係才成立的。另外，如果透過權力關係來教導孩子的話，孩子就會成為透過權力關係來思考、解決事情的人。

舉例來說，「在打罵教育中長大的孩子變得會打人」等就是典型的例子。

基本上，父母對孩子「生氣・責罵」，都是在孩子做出令人困擾的事情時。

換言之，**我們也可以說，孩子的惱人行為是「因為父母沒有教好」**。

一般來說，日本的家長傾向於採用「生氣・責罵」的方式來撫養孩子。

由於就算用敷衍了事的方式來責罵孩子，孩子也無法理解，所以每次發生相同問題時，孩子還是會重蹈覆轍。結果，問題並沒有解決。

發展遲緩兒童會因為受到父母嚴厲斥責而特別容易引發「**對人恐懼症**」。

由於對人恐懼症會讓孩子時常處於不安和緊張的狀態，所以如果再對孩子施加某種刺激的話，孩子就會立刻陷入恐慌。

透過孩子能夠理解的基準來教導

說起來，發展遲緩兒童原本就不是「不去做」，而是「做不到」。

為了減少孩子的擾人行為，要做的事並非生氣・責罵，而是要透過連孩子都能理解的方法來教導。

此時，最重要的是，**在教導時不能依照家長自己的標準，而是要依照孩子程度來進行教導。**

接著，另一個重點為，教導時要多下一點工夫，讓孩子覺得「想要做」，引起孩子的興趣。另外，在搭話時，也要特別留意，不要說「要好好做」，而是要用「要把○○放在△△喔」這種孩子能夠理解的具體表達方式，來教導孩子步驟。

母親在提醒孩子時的措辭

無法將意思傳達給孩子的措辭	能將意思傳達給孩子的措辭
打弟弟是不對的！	弟弟被打會「很痛」，所以不能那樣做喔。
請好好寫作業！	幾點要寫作業？5點？還是5點半？
吃東西時請別挑食！	你吃得下很多○○呢！
快點換衣服！	要準備上學了，所以去換衣服吧。
啊，你又弄髒了……	如果弄髒的話，要清理乾淨喔。
要說幾次你才懂……	（具體地）○○要這樣做喔！
為什麼做不到呢？	（具體地）○○是這樣做才對喔！
人家久志會○○，為什麼孝太郎卻不會○○呢？	（不要拿其他孩子和自己的孩子比較）孝太郎比以前進步了呢！

冷靜地處理孩子的擾人行為

另一方面，當孩子做出擾人行為時，我們不應責罵，而是要**冷靜地說明為何不該那樣做，讓孩子理解**。

這是因為，即使我們用「○○是不對的」這種話來責罵發展遲緩兒童，孩子也想像不出「具體上，為何不能那樣做」的理由。因此，孩子還是會重複犯下相同錯誤。

舉例來說，當孩子突然用力地拉朋友的頭髮，或是咬朋友的手臂時，請採取下列的應對方式吧。

①父母不要立刻就責罵說「那樣做是不對的！」，而是要先冷靜下來，把孩子帶到其他房間，讓孩子從激動狀態中恢復平靜。

②接著，當孩子恢復平靜後，再問他為何對朋友使用暴力。如果孩子無法順利表達的話，就使用可以表示喜怒哀樂的插圖卡片或照片來引導孩子的情緒。

③聽完孩子的話後，要對孩子的心情產生共鳴。

④再次使用喜怒哀樂卡片，透過「如果你拉朋友頭髮，咬朋友手臂的話，對方會很痛對吧。你知道對吧？」這個問題來確認孩子的想法。

⑤教導他「如果你覺得自己做錯了，就要道歉」。

像這樣地，**當孩子做出擾人行為時，不要責罵，而是依序地進行具體說明，會比較容易將想法傳達給孩子**。

另外，如果光靠言語不易讓孩子理解的話，只要像先前的例子那樣，使用畫有喜怒哀樂表情的插圖等，就會較容易傳達給孩子。

另一方面，當孩子理解後，做出正確行為時，請立刻給予稱讚吧。

面對孩子擾人行為時的應對步驟

切記，不能「生氣‧責罵」！
首先，用孩子聽得懂的話來教導他吧！

不要使用模稜兩可的說法

**由於孩子無法理解較長的對話，
所以請用較短的語句來下達指示吧**

父母務必要看到孩子的臉後，再下達指示

發展遲緩兒童有時會無法理解父母所說的話。舉例來說，由於亞斯伯格症兒童無法透過表情或樣貌來察覺事物，所以如果使用「這個、那個（靠近對方）、那個（離雙方都很遠）」之類的含糊詞彙，他們會無法理解。另外，當孩子專注於自己有興趣的事物上時，就算向他搭話，他也聽不見。

另一方面，當ADHD兒童出現注意力不集中的情況時，也可能會聽不到別人向他搭話。另外，在向ADHD與LD兒童進行較長的說明時，他們會無法掌握主要內容，變成只是在聽人說話。

因此，父母在向孩子**下達某種指示時，請務必要先走到孩子身旁，看到孩子的臉後，再向他搭話**。

另外，即使拖泥帶水地說一大串話，孩子也無法理解話中內容，所以我們要**透過簡短的話語來下達指示**。

舉例來說，當孩子在玩耍時，要等到自己進入孩子的視線內之後，再看著孩子的眼睛，說出「飯做好了喔」。若孩子能夠理解的話，再說「請你從廚房將盤子端到餐桌上」這句話來請他幫忙。

此時，請不要一次請求孩子做多件事情。**由於發展遲緩兒童無法同時做兩件事，所以務必要一次下達一項指示**。接著，完成一項工作後，要向孩子說「謝謝」，然後再向孩子下達下個指示。

父母在向孩子下達指示時，請注意以下4點。

· 不要使用模稜兩可的說法。
· 等到自己進入孩子視線後，再搭話，讓孩子做好聽父母說話的準備。
· 透過簡潔的話語來傳達指示。
· 不要一次說兩件事情。

當孩子在遊玩時,要先進入孩子的視線內。

先跟孩子說:「孝太郎,聽好媽媽接下來要說的話喔」,然後再看著孩子的眼睛,說出:「飯做好了」。

接著,請求孩子:「請把盤子從廚房拿到餐桌上。」

如果孩子完成指示的話,就向他說「謝謝」,然後再向孩子下達下一個指示。

請試著這樣做吧!

父母在向孩子下達指示時,
一定要先進入孩子的視線後,
再用簡短的話語來下達指示!

傳達方式有9成是
仰賴「聲音」和「表情」

也要注意到，在對方眼中，
自己看起來是什麼模樣

溝通的3個要素

美國的心理學家艾伯特・麥拉賓（Albert Mehrabian）在其著作《Silent messages》（1972年，Wadsworth Publishing Company）中提到，溝通包含了以下3個要素。

・言詞（意思）
・聲音的大小、強度
・表情、動作

根據麥拉賓的調查，在進行溝通時，這3個要素在「說話者給予聽者的影響」所佔的比例如下：

・言詞（意思）：7%
・聲音的大小、強度：38%
・表情、動作：55%

如同從結果中所得知的那樣，**溝通**有9成都是透過「聲音」和「表情」來傳達的。

舉例來說，即使母親拚命地打算用簡單易懂的方式來教導孩子，但如果母親大聲地用力喊說「應該這樣才對吧，這樣才對吧，這樣才對吧」，並皺著眉頭的話，孩子就會覺得自己在挨罵。

這種情況叫做溝通隔閡。

由於在這種狀態下，孩子容易出現對人恐懼症，所以認知能力會進一步地下降，完全無法理解別人在說什麼。

與孩子進行溝通時，**父母要試著去注意「在孩子眼中，自己看起來如何」這一點。**

只要透過溫和的聲音和表情來傳達，父母的話就能更容易地傳達給孩子。

NG

如果家長的聲音或表情很嚴厲的話……孩童就會緊張到無法理解家長在說什麼。

OK

若家長使用溫和的聲音和表情……孩童就會比較容易理解家長所說的話。

請試著這樣做吧！

在教導孩童事物時，也要注意到聲音的聲調與大小、表情、動作！

透過誇獎來激發出孩子的「優點」

在誇獎時，把焦點只放在孩子的行為上吧

捨棄「對於大人來說是理所當然的」這種想法

當孩子嘗試進行不擅長的事情時，家長常常會帶著焦躁的表情，這樣對孩子說：

「請快點做！」

「還是不會嗎？」

「不管讓你做什麼事，動作都慢吞吞的⋯⋯」

話雖如此，**在生活中，孩子「做得到的事」、「值得誇獎的事」卻出乎意料地多**。我們之所以沒注意到這些，**是因為我們用大人的標準來評價孩子**。

請試著回想一下「孩子第一次翻身時、第一次站起來時、第一次說話時⋯⋯」等情況。

在面對孩子的「第一次」時，有的家長不是會覺得「我家的孩子也許是個天才」嗎？

由於孩子會做的事情增加了，所以家長在不知不覺中就習慣了孩子的成長。於是，就會在無意中透過大人的標準來評價孩子。

因此，**請試著捨棄「對於大人來說是理所當然的」這種想法吧**。

將過去所使用的責罵言詞變更成誇獎言詞，並採用符合孩子的搭話與溝通方式，如此一來，孩子的行為肯定會有所改變。

這是因為，父母的言詞與態度的好壞，會直接影響孩子的行為。

舉例來說，「你很努力，真了不起呀」接受讚美式教育的孩子，會積極地去面對事物。相反地，「你這個孩子真沒用啊」被這樣罵大的孩子，會對事物變得消極，覺得「反正像我這種人⋯⋯」，在開始嘗試前就放棄挑戰。

因此，不會稱讚孩子的父母們，請參考下列這些稱讚孩子時的重點。

- **當孩子完成某件事，或是做出正確行為時，立刻給予稱讚。**
- **面對孩子的真實面貌，並表示這樣做很重要。**
- **稱讚孩子的努力過程，並為他加油。**
- **對孩子的心情產生共鳴。**
- **當孩子做出擾人行為時，若孩子因為聽了父母的話而改正，就要稱讚他的行為。**

此時，必須注意的是「搭話時跟其他孩子比較」這一點。舉例來說，儘管孩子花了許多時間做漢字聽寫的作業，但家長光是在話中加入「辛苦了。不過，如果是孝太郎的話，應該不用花那麼多時間吧」幾句否定的話，孩子的幹勁就會確實降低。

在誇獎孩子時，原則上，不要和其他孩子比較，只把焦點放在孩子的行為上。接著，當孩子做出正確行為時，不管是多小的事情，父母都要留意到，並確實地給予稱讚。

請試著這樣做吧！

絕對不能和其他孩子比較！
將焦點放在孩子的行為上，
給予稱讚，引導他做出正確行為吧。

能夠和孩子順利交流的溝通方式

何謂應用行為分析學的觀點「ABC分析法」？

重要的是，將焦點放在行為上

當孩子出現「正確行為」與「擾人行為」時，父母當然會希望「正確行為」多一些。

話雖如此，「雖然打算拚命地教導孩子，但不知道與孩子順利溝通的方法……」在日常生活中，似乎有許多父母都抱持著這樣的煩惱。

孩子本身也不想常做出「擾人行為」。孩子其實也希望父母能用「做得很好，好棒喔」這種話來稱讚自己。

孩子只是因為發展遲緩所導致的特性很明顯，所以會拘泥於規則，注意力變得不集中，無法做出「正確行為」罷了。再加上，若孩子經常因為「擾人行為」而挨罵，孩子就會失去自信，覺得「自己什麼事都做不好」，產生自卑感。

……不過，各位父母們，請放心。

接下來會介紹，**有助於讓孩子多做出「正確行為」的小秘訣。這個秘訣和孩子的個性、特性都完全無關。重要的是，只將焦點放在行為上。**

為了讓孩子多做出「正確行為」

「正確行為」與「擾人行為」都只是**「行為的差異」罷了。**

也就是說，採取「正確行為」的話，會得到「理想的結果」，採取「擾人行為」的話，則會得到「不理想的結果」。

那麼，要怎麼做才能增加「正確行為」呢？

在美國的心理學家B.F.史金納（Burrhus Frederic Skinner）所提倡的**應用行為分析學**的觀點中，有一種名為**「ABC分析法」**的概念。

透過ＡＢＣ分析法，可以將行為的構造分成下列3個階段。

A　行動前的情況（Antecedent）
B　行為（Behavior）
C　結果（Consequence）

在此方法中，會回顧從「行動前的情況（Ａ）」到「結果（Ｃ）」的過程，將孩子的「行為（Ｂ）」引向正確行為。

那麼，我們就試著透過ＡＢＣ分析法來分析「孩子不想走別條路的情況」吧。

> 孩子不想走其他條路的情況

「在前往附近的超市時，由於平常走的路正在施工，所以母親打算走別條路，但孩子不想，並當場停住不動。在無可奈何之下，只好回家。」

A 「由於平常走的路正在施工，所以母親打算走別條路」（行動前的情況）

B 「孩子不想，並當場停住不動」（行為）

C 「在無可奈何之下，只好回家」（結果）

在這種情況下，面對「孩子不想，並當場停住不動」這項B的擾人行為時，家長採取了「在無可奈何之下，只好回家」C的應對方式，所以孩子學到了「遇到討厭的事情，就算不做也無妨」這一點。

因此，若想要將「擾人行為」變為「正確行為」的話，就要變更C「結果」或A「行動前的情況」。

首先，**為了改變C「結果」，就要向孩子說明情況。即使說明了，孩子還是抗拒的話，家長就稍微走向別條路，然後停下來等待。當孩子追上家長時，就笑著誇獎他「謝謝你願意一起走」。**

接著，若想改變A「**行動前的情況**」的話，就先停在可以看到施工情況的道路階梯上，**事先對孩子說「由於今天在施工，所以我們走別條路去超市吧」。**此時，請對孩子說「**明白了嗎**」，**確認**孩子的想法吧。

然後，如果**孩子走別條路時沒有抗拒的話，一定要稱讚他「你真乖呀」。**

不過，即使已事先告訴孩子，但孩子還是不想走別條路的話，家長就稍微走向別條路，然後停下來等孩子過來吧。

事先養成採用ABC分析法的習慣

像這樣，藉由採用ABC分析法，就能將孩子的「擾人行為」引向「正確行為」。

我在秩父學園工作時，也有實際運用到ABC分析法。

舉例來說，在某個孩子的案例中，發生了以下這種情況。

那個孩子只要在校內的走廊上遇到人，就會突然向對方吐口水。或許，那個孩子是希望有人理他。另一方面，教職員每次看到這種行為時，都會罵他。對於那個孩子來說，教職員的反應也許也很有趣。

只要透過ABC分析法來分析那個孩子的行為，就會得到以下結果。

A「**孩子在校內的走廊迎頭碰上別人**」（**行動前的情況**）

B「**向別人吐口水**」（**行為**）

C「**教職員責罵孩子**」（**結果**）

改變C「結果」的方法

改變A「行動前的情況」的方法

因此，若想改變B「向別人吐口水」這項「行為」的話，就要將C「教職員責罵孩子」這項「結果」變更為「教職員不理會孩子的吐口水行為」。這種方法叫做**「有計畫的漠視」**。接下來，即使孩子吐口水，所有教職員也都要一臉厭倦地保持沉默。

採用ABC分析法3天後，那個孩子變得不再做出B「向別人吐口水」這項擾人行為。

後來，那個孩子藉由練習正確的溝通方式，行為在轉眼間就改變了。

「行為」肯定會受到「行動前的情況」與「結果」的影響。

正因如此，當孩子做出「擾人行為」時，請確認A「行動前的情況」和C「結果」。

接著，再透過A和C來逐漸地改變B「擾人行為」吧。

透過ABC分析法，可以減少孩子的擾人行為，增加正確行為。

只要事先養成經常使用ABC分析法的習慣，就能立刻應對孩子的行為，所以請務必要在家中嘗試看看。

請試著這樣做吧！

透過「行動前的情況」和「結果」來控制孩子的擾人行為，引導孩子做出「正確行為」吧。

透過ABC分析法來了解孩子不擅長的行為

每天記錄下「日期」、「時間」、「行動前的情況」、「行為」、「結果」

透過記錄來找出孩子的行為模式

使用應用行為分析學觀點之一的ABC分析法，將孩子的擾人行為分成A「**行動前的情況**」、B「**行為**」、C「**結果**」這3個階段。

每天記錄這些分析資料時，**將「日期與擾人行為的發生時間」以及「行動前的情況」、「行為」、「結果」分開記錄是很重要的。**

舉例來說，像是下列這種格式。

日期／時間……

　○月○日（☆）早上7：15
行動前的情況……

　把作業卷放在書桌上後就置之不理。
行為……

　忘了將作業卷帶到學校。
結果……

　（家長）將作業卷送到學校

只要持續記錄大約2個星期，就能找出孩子的行為模式。

孩子「會在什麼情況下做出擾人行為呢」，因而「造成了什麼樣的結果呢」。透過擾人行為發生的前後情況，家長就能立刻察覺到「孩子不擅長的行為」。

另外，藉由將事情記錄在紙上，家長也會變得能夠整理思緒，用客觀角度來看待孩子的行為，所以能夠更加順利地處理擾人行為。

結果，孩子的擾人行為會減少，正確行為則會增加。

「我明明那麼努力教你，你為什麼不聽我的話呢？」有這類煩惱的父母們藉由記錄孩子的行為，就會更加容易地實際感受到孩子的變化與成長。

看到孩子的成長後，父母就會覺得很值得，並感到開心。另外，由於和孩子之間的溝通情況也會改善，所以

能夠建立起更好的關係。

日期／時間	行動前的情況	行為	結果
○月○日 （□） 早上7：15	把作業卷放在書桌上後就置之不理。	忘了將作業卷帶到學校。	（家長）將作業卷送到學校。
○月○日 （□） 傍晚4：30	上網，玩遊戲。	沒有寫作業。	忘了隔天的作業
○月○日 （□） 早上9：30	原本打算去遊樂園，但卻下雨了。	告訴孩子計畫要變更。	孩子一邊哭，一邊生氣地說「我要去遊樂園」。
○月○日 （□） 下午14：45	兄弟倆一起玩。	因為爭奪遊戲而吵架。	哥哥打了弟弟後，繼續玩遊戲。

請試著這樣做吧！

藉由記錄孩子的行為，
家長會比較容易發現孩子不擅長的行為模式，應對時也會較順利。

能夠讓孩子採取自主行動的機制

建立一套有助於發展遲緩兒童行動的基本生活模式

何謂TEACCH？

亞斯伯格症兒童會有「對模式化的行為感到放心」的傾向。

這是因為，會讓他們感興趣的事物很少，而且不擅長發揮想像力，所以無法輕易地變更已養成的習慣。

話雖如此，大家每天遇到的情況都不同。

舉例來說，年級提升一級後，孩子的情況也會改變，必須學習各種事物。

在生活中，某種程度的靈活應對與變通是必要的。

那麼，我就來說明這個參考了「TEACCH（Treatment and Education of Autistic and related Communication handicapped Children）」的療育方法，而且有助於遲緩兒童行動的基本生活模式吧。

TEACCH指的是，美國北卡羅來納州立大學所研究出來的個別式教學法。此方法能夠協助自閉症兒童與其家屬，讓孩童能夠在社會上過著自立的生活。

以下3點是TEACCH的主要觀點。

・**時間的構造化**
・**空間的構造化**
・**活動的構造化**

這些觀點的目的在於，讓發展遲緩兒童能夠實際在社會上過著自立的生活。

行程表的可視化——時間的構造化

將行程表貼出來，反過來說指的就是「不要依賴習慣」。

某些忙碌的父母不會製作行程表，舉例來說，他們只會對孩子說「今天會做這個、這個，還有這個喔」，將行程告訴孩子。不過，發展遲緩兒童光靠聽到的言詞，很難去理解內容。另外，由於他們不擅長應對突發狀況，所以若無法遵守平常養成的習慣，就容易陷入恐慌。

因此，**為了明確地表示「今天和平常不一樣喔」這一點，請大家透過行程表來使行程可視化吧。**

首先，要掌握「從孩子起床後到晚上入睡」的一整天行程。

接著，依照下列步驟來製作行程表。

①**時間**
②**地點**
③**決定要做的事**

製作行程表時，基本上要使用文字、插圖、照片等來讓孩子看得懂。

而且，也要製作「1週的行程表」、「1個月的行程表」，並讓孩子確認「本週要做的事」、「本月要做的事」的流程。

另外，還要以基本行程表為基礎，依照各種情況來分別製作「學校放假的日子」、「春假」、「暑假」、「寒假」等行程表。**若覺得寫在紙上很辛苦時，也可以準備一個白板。**由於能夠立刻反映出日程的變更，所以也許會很方便。

在製作行程表時，不能忘記的一點就是，不能依照家長的標準，而是要用孩子能夠理解的標準來製作。**當孩子狀態不佳時，理解能力會變得更差，所以請製作出無論在何種狀態下，孩子都看得懂的行程表吧。**

將可視化的行程貼在牆壁、桌上、月曆旁等孩子每天容易看到的場所。另外，也請家長事先將行程表交給孩子吧。

如此一來，當計劃有所變更時，由於孩子已經養成了「先看行程表再行動」的習慣，所以即使父母事先說「今天的這個行程會變更」，將行程變更的事告訴孩子，孩子也能應對，不會陷入恐慌。

藉由運用行程表來讓行動可視化，孩子就能靜下心來，過著安心的生活。

而且，**如果孩子能夠依照行程表來主動地採取行動，就會變得不易受到他人影響**。舉例來說，當學年改變時，或是從學校畢業，進入社會時，由於孩子會先看行程表再行動，所以會變得較容易適應周遭的變化。

也要製作母親的行程表

另外，「夥伴行程表」也很重要。夥伴行程表指的是，總是陪伴在孩子身邊的人的行程表。

孩子首先會很在意家中最值得信賴者的行動。舉例來說，「今天，媽媽會在哪裡？」孩子會像這樣地在意母親的行動。

因此，**如果也能製作平常最常和孩子相處的家人的行程表，並和孩子的行程表擺在一起，應該會很不錯吧。**

舉例來說，將「媽媽今天會去看牙醫，所以這個時間不在家」、「要參加親戚的法事，所以有半天不在家」這類母親的行程寫在行程表上，並告訴孩子，讓孩子確認，也很重要。

在房間中保持簡約的空間——空間的構造化

當房間內的環境很雜亂時，發展遲緩兒童就會無法靜下心來，有時還會陷入混亂。舉例來說，由於亞斯伯格症兒童會受到來自視覺的影響，所以如果電視、玩具、書架、遊戲機、衣服等物全都放在客廳的話，孩子就會搞不懂這個房間的功用。

另外，由於ADHD兒童同樣也會出現注意力不集中的情況，所以儘管在飯廳內吃飯，但注意力卻被客廳的電視奪走，不繼續吃飯。

讓每個房間具備各自功用，打造簡約的空間

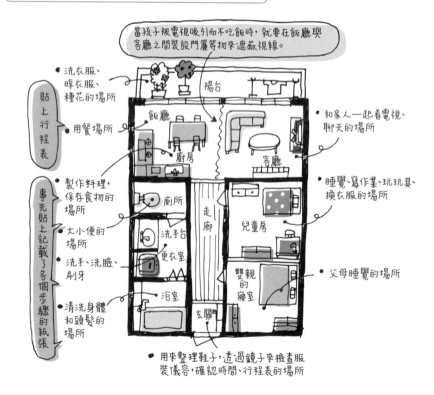

當孩子被電視吸引而不吃飯時，就要在飯廳與客廳之間裝設門簾等物來遮蔽視線。

貼上行程表
- 洗衣服、晾衣服、種花的場所 陽台
- 用餐場所 飯廳
- 和家人一起看電視、聊天的場所

事先貼上記載了各個步驟的紙張
- 製作料理，保存食物的場所 廚房
- 大小便的場所 廁所
- 洗手/洗臉、刷牙 洗手台
- 睡覺、寫作業、玩玩具、換衣服的場所 兒童房
- 清洗身體和頭髮的場所 浴室 更衣室
- 父母睡覺的場所 雙親的寢室
- 用來整理鞋子，透過鏡子來檢查服裝儀容，確認時間、行程表的場所 玄關

因此，**重點在於，房間內不要擺放超出必要的多餘物品，讓各個房間、場所具備功能，保持簡約的空間。**

另外，當受限於房間構造而難以打造出具備各種功用的環境時，為了隔絕會對孩子產生刺激的資訊，舉例來說，由於使用很大的布條來蓋住電視或玩具等物，也能將其遮住，所以很推薦那樣做。

使用文字、插圖、照片來將資訊可視化──活動的構造化

雖然發展遲緩兒童對於自己決定的模式或規則會非常固執，但對於無法預料的事物則往往會感到困惑。這樣說是因為，只要事情變得稍微複雜，孩子在行動時就無法獨自思考出行動的步驟。因此，請父母們使用文字、插圖、照片等物來仔細劃分行動的步驟，一邊讓孩子看，一邊進行說明吧。

兒童房

・換衣服的場所
・玩玩具等物的場所
・睡覺的場所
・寫作業、讀書的場所

衣櫥　床　地墊　書架　書桌　屏風

將書架遮住，讓孩子不會看到書架上的東西。

桌上不要擺放多餘的物品

請試著這樣做吧！

透過行程表來將時間可視化。讓各個房間 場所具備功用，使房間變得簡約！

透過點數制來讓孩子去做不擅長的事

讓孩子培養出「行動與結果有關」的意識

透過點數制來建立一套讓孩子主動採取行動的機制

無論是誰,如果覺得某件事物對自己有好處,就比較容易持續採取行動。相反地,由於不會從自己不擅長的事物或不想做的事情中感受到好處,所以就不會採取行動,或者是會將行動延後。

舉例來說,各位父母們,你們有過這種經驗嗎?

「雖然決定要減肥,但最後還是輸給了聚餐的邀約與甜點的誘惑,『從明天開始吧!』嘴上這樣說,卻遲遲無法付諸行動。」

這是因為,我們無法立刻就實際感受到「瘦下來」這個結果。因此,我們會優先考慮「開心」、「好吃」這類好處。

這一點對孩子來說也一樣。

「不要一直打電玩!」這樣責罵,並無法引導孩子做出正確行為。

因此,我們應著重的不是「結果」,而是「行為」。藉此來引導孩子做出正確行為吧。

此時,「點數制」會是一種有效的方法。只要將此方法想成超市或洗衣店的集點卡等,就會很好懂。

首先,要製作集點卡,並制定規則。

舉例來說,如果孩子不寫作業,一直看網路影片的話,就要在集點卡上寫上這類規則,並向孩子說明。

・從○點到○點寫作業的話,可以得到1點。

・一天獲得1點後,就可以上網20分

鐘。

- 累積獲得10點後，可以獲得「上網1小時」的獎勵。
- 沒有寫作業時，不會獲得點數，所以也不能上網。

點數制對於ADHD兒童來說特別有效。

由於ADHD兒童的特性為，注意力散漫，無法持續保持專注，所以只要看到自己有興趣的事物，就容易轉移注意力，無法進行該做的事。

因此，一套能讓孩子主動採取行動的機制變得很重要。

只要透過集點卡來將行為可視化，**孩子本身也會變得比較容易將焦點放在行為上，培養出「行為會影響結果」這種意識**。

另外，即使不擅長「等待」，只要訂立明確的規則，「為了獲得獎賞而等待的行為」就會與「能夠阻止衝動的行為」產生關聯。

像這樣，如同玩遊戲般地採用點數制，建立一套「比較容易讓孩子接觸不擅長的事物」的機制吧。

集點卡的規則
- 從4點到5點寫作業的話，可以得到1點。
- 一天獲得1點後，就可以上網20分鐘。
- 累積獲得10點後，可以獲得「上網1小時」的獎勵。
- 沒有寫作業時，不會獲得點數，所以也不能上網。

集點卡
寫作業的話，就能獲得1點

日期	點數	日期	點數

合計

代幣酬賞制

第2個要介紹的是稍微高級一點的點數制「**代幣酬賞制**」。

代幣酬賞制指的是，當孩子在面對不擅長的事情時，若孩子做出正確行為的話，就給予「點數（代幣）」，達到目標點數後，則給予獎賞。 在這種觀點中，由於孩子會藉由進行正確行為來獲得成就感，所以人們認為此方法很有效果。

代幣酬賞制會透過下列方式來進行。

①將孩子該做的正確行為列出來，做成清單

②在清單中，決定各項行為的點數

> 行為與點數清單的例子
> ・每天早上打招呼。 10點
> ・寫作業。 50點
> ・確認課程表，檢查隔天要帶的物品是否有遺漏。 20點
> ・兄弟姊妹之間發生爭吵時，要說「對不起」。 20點
> ・幫忙擺放晚餐要用的筷子和盤子。 10點

③設定目標點數的獎勵

> 點數與交換獎勵清單的例子
>
> 日常獎勵
> ・上網 100點
> ・購買喜愛的零食 100點
>
> 特殊獎勵
> ・購買喜愛的遊戲軟體 10000點
> ・去遊樂園玩 5000點

④製作集點卡

⑤當孩子做出清單上的正確行為時，就將點數貼在集點卡上。

代幣酬賞制的目的在於，讓孩子持續保持興趣。

因此，在製作集點卡時，請使用孩子喜愛的角色貼紙，讓孩子比較容易維持幹勁吧。

而且，最能讓孩子產生幹勁的是，父母的稱讚。

舉例來說，在給予孩子點數時，藉由使用「你每天都很努力，真了不起啊」、「每天聽到你很有精神地打招呼，媽媽也變得很有精神」等話語來稱讚孩子的行為，就能更進一步地激

發出孩子的幹勁。

　孩子會透過父母的話語來滿足自我價值感，產生想要努力的積極情緒。

請試著這樣做吧！

只要透過集點卡來將行為可視化，孩子本身也會從行為造成的結果中感受到好處，所以會變得較容易持續做出正確行為。

協助孩子進行
不擅長的事情吧

透過小步驟教學法，一點一滴地教導孩子吧

透過小步驟教學法來給予孩子自信

當孩子在嘗試做不擅長的事情時，如果聽到家長無意中說出「連這種事也不會嗎？」這種話，平時常挨罵的孩子會特別容易失去信心，進而失去幹勁。

反過來說，父母只要用一句話，就能培養孩子的自信與幹勁。

父母們只要改變平常隨意說出的話，孩子就會很快地產生變化。

那麼，當孩子在接觸不擅長的事情時，要怎麼教導呢？

由於發展遲緩兒童有笨拙的一面，所以在社會中生活時，需要多花一點時間才能記住事情的規則與做法。

因此，請逐步地慢慢教導孩子不擅長的事情吧。代表性的觀點就是「**小步驟教學法**」。

小步驟教學法指的是，將達到目標前的過程分成許多個小步驟，藉此來達成目標的方法。

重點在於，要依照讓人覺得孩子「似乎做得到」的程度來設定目標。

透過小步驟教學法來逐步地讓孩子採取行動，藉此，孩子就會比較願意接觸不擅長的事情，也比較容易達成目標。

舉例來說，在教導不會看時鐘的孩子時鐘的理解方式時，會如同下頁那樣來教。

順便一提，如果孩子看不懂數字的話，首先請從「認識數字的遊戲」做起吧。

透過小步驟教學法來教導時鐘理解方式的情況

1 準備一個寫在紙上的指針式時鐘。此時，也要在時鐘上寫上「從0到59分」與「從0到59秒」

2 告訴孩子指針式時鐘上有短針、長針、秒針這3根指針。

3 告訴孩子指針式時鐘的短針是用來表示「幾點」。

4 舉例來說，像是「起床時間是早上6點、點心時間是3點、睡覺時間是晚上9點」，藉此來將短針所指的時間和孩子的行動時間產生連結。

5 依序告訴孩子短針表示「幾點」，長針表示「幾分」。

告訴孩子指針式時鐘的長針是用來表示「幾分」。
舉例來說，「試著指出上學時間7點30分吧」。看著寫在時鐘上的0～59分的數字，和孩子一起從1唸到30分。
另外，也要將學校的休息時間和時鐘產生連結，將「分鐘」的感覺教給孩子。

6 一邊指著指針式時鐘，一邊和孩子一起從1唸到59分。

7 使用寫著0到59分的時間刻度尺，告訴孩子一把尺就代表1小時。

8 告訴孩子指針式時鐘的秒針代表的是，「點」、「分」之後的秒。

9 讓孩子專注在秒針上。
舉例來說，「請你看著秒針，看看媽媽可以閉氣幾秒？」用這類方式來孩子盯著秒針看。

10 當母親吸氣時，詢問孩子「秒針指著哪裡？」。

11 當孩子指著秒針後，就告訴孩子「這就是媽媽可以閉氣的秒數喔」。

12 一邊指著指針式時鐘，一邊和孩子一起從1唸到59秒。

13 使用寫著0到59秒的時間刻度尺，告訴孩子一把尺就代表1分鐘。

像這樣地，將步驟細分成很多個。另外，當孩子理解了一個個步驟後，請父母們當場用「好棒喔」、「做得真好」之類的話來誇獎孩子吧。如此一來，由於藉由得到稱讚，孩子就會產生自信，獲得成就感，所以也會比較容易邁向下一個步驟。

當孩子不寫作業時，也要同樣地將寫作業前的各項行為分成許多步驟。

首先，要從整理書桌做起。接著，讓孩子養成坐在椅子上面向書桌的習慣。然後，在書桌上打開當天的作業，讓孩子解答問題。此時，父母要陪在孩子身邊，當孩子有不懂的地方時，就要給予協助。接著，當孩子完成步驟時，則要當場用「好棒喔」、「做得真好」之類的話來稱讚。

由於LD兒童不擅長讀書寫字，所以父母要朗讀問題，並向孩子說明問題的涵義。此時，事先使用錄音筆將父母所朗讀的內容錄下，讓孩子可以重覆聽，應該也是不錯的方法吧。

另外，即使已升上3年級，但如果國語還是1年級程度的話，首先請從1年級的部分開始教吧。

透過小步驟教學法，讓孩子一步步地慢慢開始接觸不擅長的事情即可。

然後，請父母多稱讚孩子做得到的事，促使孩子多做出正確行為吧。

請試著這樣做吧！

在小步驟教學法中，要依照孩子的程度來決定目標。然後，讓孩子一步步地慢慢採取行動，使孩子獲得成就感。

當孩子
陷入恐慌時

恐慌症狀是一種
「孩子感受到過多不安或壓力」的信號

陷入恐慌的原因為？

在發展遲緩兒童當中，亞斯伯格症兒童有特別容易陷入恐慌的傾向。

專家認為，雖然每個孩子陷入恐慌的原因不同，但大多為下列情況。

- **瞬間重歷其境（flashback）**
- **無法遵守自己的習慣或規則**
- **很大的聲音、氣味、身體被觸碰等生理上的厭惡感**
- **身體不舒服時**

「**瞬間重歷其境**」被視為亞斯伯格症兒童最常見的恐慌原因。由於亞斯伯格症兒童沒有時間的概念，所以會突然回想起幾年前的記憶，並覺得像是「現在」所發生的事。因此，當孩童過去曾有過心靈創傷時，當時的痛苦情緒就會重現在眼前，使孩童陷入恐慌。

下列2點是容易引發「瞬間重歷其境」的條件。

① **無事可做的閒暇時**
② **體驗到與過去不愉快經驗類似的事情時**

第1點指的是，對於發展遲緩兒童來說，閒暇狀態容易使情緒變得不穩定。

第2點則是指，類似的情況或體驗會讓人回想起過去的不愉快經驗。

雖然恐慌狀態是某種原因所引起的，但即使父母問說「你怎麼了？」，孩子也無法說明。這是因為，孩子無法控制自己的情緒，內心感到很痛苦。因此，當孩子陷入恐慌時，父母要理解孩子正感受到過多的不安或壓力。

陷入恐慌時的應對方法

當發展遲緩兒童陷入恐慌時，如果周圍的人大聲說「沒事吧!?」，或是觸摸孩子的身體，有時會造成反效果。

由於亞斯伯格症兒童特別討厭別人觸摸自己身體，所以也可能會導致恐慌狀態持續更久。

在孩子恢復平靜前，父母請冷靜地照顧孩子吧。

當孩子做出敲打自己頭部之類的胡鬧動作，讓人覺得危險時，請用毛毯或棉被包住孩子，並將孩子帶到其他房間。若程度達到「拿自己的頭去撞牆」等自殘行為時，請讓枕頭或墊子夾在孩子頭部與牆壁之間。

當孩子的情緒恢復平靜到某種程度後，父母再告訴孩子自己很擔心他，對他說「很痛苦對吧，你很努力了」，靜靜地去傾聽孩子的心聲吧。

為了避免孩子陷入恐慌狀態

一旦陷入恐慌，孩子的精神狀態當然會因為壓力而變得不穩定。另外，父母也會承受相當大的壓力。因此，**父母必須防範未然**，事先分析「**什麼事物容易使孩子陷入恐慌呢**」。舉例來說，在小學內，到了要換班級時，孩子就容易因為變化而陷入恐慌。平常就要注意孩子的行為，多加留意，盡量避免孩子陷入恐慌。

請試著這樣做吧！

當孩子陷入恐慌時，請家長冷靜地照顧孩子，直到孩子恢復平靜。當孩子恢復平靜後，請靠在他身旁，對他說「你很了不起喔」。

第 3 章

在家中培養孩子的「優點」吧！

「打招呼」、「早上的準備工作」、
「如何和朋友遊玩」、「收拾物品」、「換衣服」──
只要學會社交技巧，孩子的生活就會
「一下子」變得很開心。

讓孩子能主動和人打招呼

教導孩子「謝謝」、「早安」的用法吧

透過社交故事來教孩子打招呼吧

「早安」、「謝謝」、「你好」、「再見」、「晚安」、「對不起」……

打招呼是一種能使人際關係變得圓融的基本溝通方式。

話雖如此,在發展遲緩兒童當中,有些孩子不明白打招呼的意思,不擅長和對方打招呼。此時,我們可以使用卡洛・格雷(Carol Grey)所設計的「**社交故事**」來教孩子打招呼。**社交故事指的是,教導社會規範與行為的方法。**具體的方法為,透過插圖與短文,將社會規範寫在紙上,讀給孩子聽。

基本上,社交故事的寫作方式是透過5W1H來構思的。

- 何時(When)
- 在哪裡(Where)
- 誰(Who)
- 做什麼事(What)
- 為了什麼目的(Why)
- 如何(How)

話雖如此,如果過度拘泥於形式,故事就會很難寫,所以只透過「何時(When)」、「在哪裡(Where)」、「誰(Who)」、「做什麼事(What)」這4點來構思故事也無妨。

另外,在創作社交故事時,若加入自己的心情與對方的心情,就更容易將社會規範具體地教給孩子。

早安

何時‧在哪裡

我早上從床上爬起來（何時）， 走向飯廳（在哪裡）

誰‧做什麼事‧為了什麼目的‧如何

我（誰）見到媽媽、 爸爸、 弟弟後，
首先要大聲地（如何）說「早安」（做什麼事）。
媽媽、 爸爸、 弟弟向我回「早安」。
依照規定， 早上要向家人問好（為了什麼目的）。

在學校內問早

何時

在早上（何時）打招呼， 會讓人心情愉快。

誰‧做什麼事‧為了什麼目的‧如何

我（誰）去上學（在哪裡）， 遇到朋友的話，
就會笑嘻嘻地（如何）說「早安」。
我也會對老師說「早安」（做什麼事）。
朋友也會說「早安」。
老師也會說「早安」。
依照規定， 早上遇到朋友或老師的話， 就要打招呼（為了什麼目的）。

何時・在哪裡

我和媽媽吃完飯後（何時），

在公園內（在哪裡）和朋友玩。

誰・做什麼事・為了什麼目的・如何

我（誰）想要玩盪鞦韆（做什麼事）。
朋友在玩盪鞦韆時， 依序排隊是很重要的（為了什麼目的）。
我對朋友說（如何）「輪到下一個人時， 也讓我坐鞦韆吧」。
朋友對我說「好啊」， 把鞦韆借給我玩。
我對朋友說了「謝謝」。
由於朋友把鞦韆借給我玩， 所以我很高興。

何時・在哪裡・誰・做什麼事

傍晚的時候（何時），

我在家中的飯廳（在哪裡）玩遊戲。

弟弟（誰）干擾我玩遊戲（做什麼事）。

為了什麼目的・如何

由於我在玩遊戲時，遊戲機的電源被關掉了，所以我很生氣
（為了什麼目的），打了弟弟的頭（如何）。
弟弟也打了我的頭。我和弟弟吵架了。
我的心情變得很差。吵架讓我和弟弟的心情都變得很差。
我為打弟弟的頭這件事道歉，跟弟弟說「對不起」。
弟弟也為干擾我玩遊戲和打頭表示歉意，跟我說「對不起」。

請家長帶頭打招呼吧

雖然在教導不會打招呼的孩子如何打招呼時，讓孩子看社交故事來學習，也很重要，不過在實際情況中，如同故事那樣，對方也經常沒有反應。

因此，當孩子遇到「朋友不肯跟我打招呼」這類情況時，請一邊誇獎孩子「朋友沒有注意到孝太郎呀。不過，孝太郎能夠和人打招呼，很了不起喔」，一邊事先將「**對方有時候也會沒有反應**」這一點告訴孩子吧。

另外，由於發展遲緩兒童大多不擅長判斷他人的心情與狀況，所以透過有文字或插圖的卡片（社交情境卡片）來教導孩子「打招呼的規則」等，也是很重要的。

另一方面，**請家長從平常就帶頭向周遭的人打招呼吧**。

舉例來說，在練習打招呼時，母親先說「早安」後，再對孩子說「孝太郎也要回媽媽『早安』」，聽到「早安」這句話後，就要回答「謝謝你這句充滿精神的『早安』」之類的話。

而且，當孩子的朋友為孩子做了某件事，或是吵架時，如果孩子說不出「謝謝」、「對不起」的話，家長就要代替孩子說「久志，謝謝你」、「久志，對不起呀」，並加上手勢，這樣也能成為打招呼的範例。

在這之後，使用社交情境卡片來教導孩子各種情況下的「謝謝」、「對不起」所代表的意思，並當場讓孩子練習說，應該也是個好方法吧。

請試著這樣做吧！

使用社交情境卡片來教導孩子打招呼的方式吧。
請父母使用日常問候語來示範給孩子看吧！

讓孩子流暢地進行早上的準備工作

透過行程表
來消除父母的焦躁感與孩子的慢吞吞動作

來製作早上的行程表吧

在忙碌的早上，如果孩子動作慢吞吞的話，父母就容易在無意中變得愈來愈焦躁，說出「為什麼還沒準備好呢!!」之類的話。

話雖如此，由於發展遲緩兒童不擅長理解時間的概念，所以並不是在故意拖延。另外，由於即使用言語對發展遲緩兒童下達多項指示，孩童也無法同時理解。

相反地，如果家長催促孩童做各種事情的話，孩子反倒會變得不知該做什麼才好，並陷入恐慌。

因此，為了讓孩子培養時間的概念，所以要用孩子看得懂的方式，將早上該做的事情可視化，放進行程表中教導孩子。

首先，要掌握從孩子起床到上學為止的基本生活模式。

接著，使用文字、插圖、照片等來記錄基本生活模式，並將行程表寫在紙張或卡片上。此時，要一邊事先讓孩子觀看行程表，一邊透過小步驟教學法來教導孩子該做的事。然後，為了讓孩子隨時都能確認行程表，所以要事先將行程表貼在容易看到的場所。

舉例來說，在餐桌旁的白板上貼上行程表，應該也是不錯的方法吧。另外，**只要在行程表旁邊設置「○」，讓孩子每完成一項「換衣服」、「吃早餐」等早上的準備工作，就在「○」內打勾，孩子就會意識到自己的行為，變得能夠做出更加自立的行為。**

藉由依照行程表來活動，發展遲緩兒童的情緒會變得穩定，所以能夠過著安穩的生活。

透過行程表來將孩子的
早上生活模式可視化。
藉由依照行程表來行動，
孩子在行動時就不會感到困惑。

讓孩子能
順利地換衣服

挑選衣服時，要選擇適合孩子膚覺的衣服！

透過好穿的衣服來讓孩子練習換衣服

在發展遲緩兒童當中，由於亞斯伯格症兒童的觸覺特別敏感，所以如果衣服材質不適合身體的話，皮膚就會感到疼痛。再加上，由於身體的感覺很模糊，所以在日常生活中無法順利進行「使用手」、「使用腳」等動作。

舉例來說，像是「不會扣鈕扣、不會拉拉鍊、腳尖穿不進襪子中」等。

因此，在幫亞斯伯格症兒童挑選衣服時，請注意下列事項吧。

· 衣服要選擇對皮膚溫和的材質。

· 事先剪掉衣服的標籤。

· 如果是T恤和運動服等不易分辨前後的衣服時，請購買正面有圖案的衣服，或是在正面作記號。

· 選擇鈕扣較大的衣服。

· 選擇拉頭較大，讓人比較好拉的拉鏈，或是拉頭上附有細繩的拉鏈。

接著，請家長陪孩子練習換衣服吧。此時，只要透過文字、插圖、照片等方式，將換衣服的步驟寫在紙張或卡片上，教導孩子換衣服的步驟，孩子就會比較容易理解。另外，也要製作符合春夏秋冬的服裝卡片，教導孩子適合各個季節的衣服。

基本上，在練習換衣服時，要和孩子一起挑選好穿的衣服。

接著，將**記載了換衣服步驟**的卡片拿給孩子看，讓孩子一步步地練習，使孩子能學會獨自換衣服。當孩子無法順利換衣服時，請家長給予協助吧。

當孩子換好衣服後，請讓孩子站在鏡子前面，讓他自己檢查服裝。

請家長用「你穿得很好，真了不起啊」等話來稱讚孩子吧。

另一方面，也要使用卡片來讓孩子練習脫衣服的方式。也要透過卡片來教孩子將換下來的衣服拿到固定的場所。

當孩子在某種程度上已經能夠獨自換衣服後，再教他扣鈕扣和綁鞋帶的方法吧。舉例來說，如同以下方法。

· 將帶有較大鈕扣的衣服攤開在地上，「和媽媽一起試著扣上鈕扣吧」一邊採用遊戲的方式，一邊和孩子一起練習扣上與打開鈕扣。

· 使用較大的布偶，教孩子如何用漂亮的緞帶來綁出蝴蝶結。

另外，市面上也有在販售「扣鈕扣的方法、蝴蝶結的綁法」之類的練習用教材，所以請務必嘗試看看。

請試著這樣做吧！

挑選孩子穿起來感覺舒適的衣服，
並協助孩子，讓孩子學會獨自穿衣服吧！

讓孩子學會好好地上廁所

教孩子上廁所時，即使孩子失敗了，也不要責罵

在發展遲緩兒童當中，有些孩子專注在某件事情上時，也可能會忘了上廁所。

另外，有的孩子在學校或外出地點的廁所內，會無法順利小便。

結果，就會出現尿失禁的情況，進而讓孩子更加討厭上廁所。

因此，為了不讓孩子討厭上廁所，所以要教導孩子適當的上廁所時機。

「想要尿尿的話，就去上廁所吧。」

「想要便便的話，就去上廁所吧。」

平常時就要像這樣地跟孩子搭話，在家中時，每隔一小時就用引導的方式問一次：「要去上廁所嗎？」

當孩子學會好好地上廁所時，就用「你能夠好好地上廁所，真是了不起啊」這類話語來稱讚他。另一方面，即使失敗了，把廁所弄髒了，或

是尿失禁，也請家長絕對不要責罵孩子。這是因為，失敗的經驗會讓孩子變得更加討厭上廁所。**當孩子失敗時，要跟他說「沒關係喔」，絕對不要責罵孩子。**而且，也要用「只要上廁所就能排出體內的廢物，所以對身體來說是好事喔」之類的話來告訴孩子**排泄並非難為情的事情。**

順便一提，如果依照情況來使用「廁所」、「洗手間」、「化妝室」等不同名稱的話，發展遲緩兒童會感到困惑，所以如果平常在家裡是使用「廁所」這個名稱的話，就請統一使用「廁所」這個名稱吧。

對於無法順利上廁所的孩子，請一邊讓孩子看使用文字和插圖寫成的上廁所步驟，一邊教孩子吧。

另外，只要事先在廁所內貼上廁所的使用方法，孩子就能一邊觀看步驟，一邊上廁所，所以很令人放心。

為了因應失敗時的情況，所以只要使用文字和插圖來寫出廁所清理方式的步驟，並事先貼在廁所，孩子就能更加放心地上廁所。

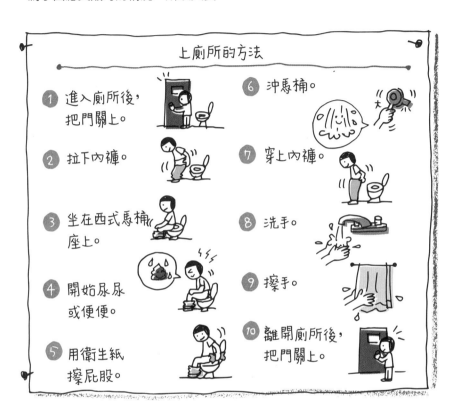

上廁所的方法

1 進入廁所後，把門關上。
2 拉下內褲。
3 坐在西式馬桶座上。
4 開始尿尿或便便。
5 用衛生紙擦屁股。
6 沖馬桶。
7 穿上內褲。
8 洗手。
9 擦手。
10 離開廁所後，把門關上。

請試著這樣做吧！

請家長從平常就跟孩子搭話，
推測出上廁所的時機吧！

讓孩子喜歡上洗澡吧

浴室是個能夠讓親子進行身體接觸的場所

將洗澡時間放入一天的行程表中

在亞斯伯格症兒童當中，有的孩子由於觸覺或聽覺很敏感，所以討厭洗澡。

這是因為，身體會實際受到水或浴室的回音等的刺激。

另一方面，在面對ADHD兒童時，光是說「請去洗澡」，孩子是不會去洗澡的。

由於ADHD兒童的注意力不集中，也不擅長變更行為，所以當孩子在做某件事情時，即使家長對孩子下達指示，孩子有時候也會聽不見。

因此，請在洗澡時多花一些工夫，讓討厭洗澡的孩子覺得「浴室是個有趣的地方」。

首先，使用文字和插圖，將「洗髮精、護髮乳、沐浴乳的使用方式」、「身體的清洗方式」、「頭部的清洗方式」、「進入浴缸的方式」等**步驟寫在弄濕也無妨的紙張上，並事先貼在浴室內。**

另外，請務必要事先將洗澡的時間加進一天的行程表中。

由於ADHD兒童藉由觀看行程表，會比較容易理解洗澡的時間，所以會變得能夠變更行為。

由於亞斯伯格症兒童的觸覺和聽覺很敏感，所以要讓孩子逐步地慢慢適應水。此時，請事先準備好刺激性較低的毛巾與海綿、對身體很溫和的肥皂等物品吧。

最重要的是，**為了降低孩子對於洗澡的厭惡感，家長和孩子要一邊交流，一邊開心地洗澡。**

舉例來說，透過會浮在水面上的玩偶或水槍等孩子似乎會喜愛的玩具來和孩子一起玩，聽孩子說今天發生的事情，讓毛巾漂浮在浴缸內，做出氣球。**一邊採用遊戲的方式，一邊洗澡吧。**

另外，在浴缸內，「數到50後，就離開浴缸吧」親子一邊一起發出聲音，一邊數數字，藉此也能培養孩子對於數字的感覺。

浴室內的交流可以讓家長切身感受孩子的身體成長，而且**浴室也是個能夠讓親子進行身體接觸的場所**。

在放鬆的狀態下，一邊開心地交流，一邊逐步地教導孩子洗澡的步驟吧。

請試著這樣做吧！

在浴室內，請多花一些工夫，盡量避免亞斯伯格症兒童受到刺激吧！

在面對ADHD兒童時，請透過行程表來教孩子洗澡的時間吧！

讓孩子養成熟睡的習慣

調整孩子的生活步調，消除睡眠不足的情況

對於孩子的成長來說，睡眠是不可或缺的

在發展遲緩兒童當中，由於有些孩子在晚上會遲遲無法入睡，所以容易打亂生活步調。

舉例來說，亞斯伯格症兒童在晚上會因為緊張或不安而睡不著，ADHD兒童則會在晚上過度沉迷電玩或網路而忘了睡覺。

雖然原因各有不同，但**生活步調一旦被打亂而導致睡眠不足的話，孩子在白天就會想要睡覺，專注力也會下降**。另外，健康狀態容易出現問題，生活步調也容易變得日夜顛倒。

對於身心處於成長階段的孩子來說，睡眠是不可或缺的。

當人類在睡眠時，體內會分泌出生長激素。

生長激素能夠促進人體成長，或是修復細胞、消除白天累積的疲勞。

因此，家長要**多留意孩子的情況，讓孩子過著規律的生活**。

請教導孩子，到了行程表上所記載的就寢時間時，就務必要上床睡覺。

另外，也要注意白天的生活型態。為了讓孩子在晚上能夠熟睡，所以要讓孩子**養成「一定要在早上曬太陽」的習慣**。藉由在早上曬太陽，人體內的生理時鐘就容易被重置，也會比較容易建立早睡早起的生活步調。**在白天時，只要讓孩子在戶外遊玩，感受到適度的疲勞，晚上就會睡得很熟。**

就寢時，請將房間的電燈關掉，切換成間接照明，並**避免讓孩子接受到電視、遊戲、網路等視覺上的刺激**。

請多下一點工夫，幫孩子培養一個睡前的習慣，像是「看書」、「一起聊天」、「輕輕撫摸孩子的頭」等，**讓孩子能在放鬆的狀態下入睡吧**。最重要的是，藉由父母的陪伴，孩子就能安心入睡。

即使孩子沒有入睡，父母也不用感

到焦急。帶著陪孩子入睡的心情，一
點一點地改善孩子的生活步調吧。

白天的生活方式

睡前會做的事情

請試著這樣做吧！

直到小學低年級為止，要讓孩子養成
最晚要在晚上9點入睡的習慣吧！

挑食並非任性

將孩子討厭的料理與食材記錄下來，
使其在烹調時發揮作用吧！

不能強迫孩子吃！

即使家長端出了有顧慮到營養均衡的餐點，孩子往往還是只會吃自己喜愛的東西。「不能挑食」雖然我很了解這種心情，不過由於發展遲緩兒童的味覺、觸覺、嗅覺很敏感，所以遇到某些食物時，會因為味道、口感、氣味而無法下嚥。

另外，對於初次見到的食物，也會因為逃避意識而吃不下去。

亞斯伯格症兒童的偏食傾向特別強烈，有的孩子只會持續吃特定食物。**孩子的偏食情況並不是任性造成的，而是發展遲緩的特性所造成的。**相反地，如果生氣地對孩子說「請快點吃！」，孩子反而會變得討厭吃飯這件事，改成用零食來填飽肚子。

父母在理解發展遲緩兒童的特性後，在準備早中晚餐時，請以孩子肯吃的食物為主吧。另外，**事先將孩子討厭的料理與食材記錄下來，之後在做菜時就會派上用場。**舉例來說，像是「若孩子討厭的是食物的口感，那就要變更烹調方式」、「對於外觀讓孩子討厭的食物，則要在擺盤上多下一點工夫」等。結果，孩子肯吃的食物種類就會增加。

接著，**請家長教導孩子餐桌上的樂趣吧。**

吃飯是一種與人交流的方法。舉例來說，像是「在學校內吃營養午餐」、「和朋友聚餐」等，在任何情況下，人都要吃飯。正因如此，從小教導孩子吃飯的樂趣與基本禮節是很重要的。透過文字和插圖來製作「我開動了」、「多謝款待」、「好吃」、「不好吃」等卡片，一邊讓孩子看卡片，一邊教孩子。在餐桌上，請全家人一起說出「我開動了」、「多謝款待」、「真好吃呀」之類的話吧。

如果餐桌上的氣氛很愉快的話，孩子就能輕鬆地用餐，所以有時也會肯吃討厭的食物。

另外，**偏食的情況會隨著年齡增長而慢慢改善**。即使不「為了營養」而強迫孩子吃也沒關係。

最好要特意攝取的養分

由於發展遲緩兒童腦部的多巴胺與血清素這2種神經傳遞物，容易出現分泌不足的情況，所以**請讓孩子攝取維生素Ｂ６吧**。維生素Ｂ６是一種水溶性維生素，能夠使蛋白質分解成能量。再加上，在合成多巴胺與血清素這2種神經傳遞物時，維生素Ｂ６也是必要的。因此，當孩子出現發展遲緩特性時，我們可以說，最好要特意攝取這類養分。

由於主要含有維生素Ｂ６的是，魚和肉等蛋白質較多的食材，所以請將其作成孩子容易入口的料理吧。另外，當孩子不吃料理時，也可以透過營養補充品來補足養分。

含有維生素B6的主要食材

- 雞絞肉
- 雞腿肉
- 雞胸肉
- 牛肉（大腿肉）
- 烤牛肉
- 鮪魚（背肉）
- 秋刀魚
- 鮭魚
- 煙燻鮭魚
- 芝麻
- 馬鈴薯泥

請試著這樣做吧！

偏食是發展遲緩的特性所造成的。
用餐時要保持愉快心情，
讓孩子從肯吃的食物吃起吧！

教導孩子
如何和朋友遊玩吧

教導孩子遊玩是一種有先見之明的教育方式

藉由遊玩來培養孩子的同理心

　　發展遲緩兒童不擅長和同年齡的孩子一起遊玩。另外，由於不關心朋友，不懂遊戲規則，獨自地隨意行動，所以有時也會和朋友吵架。

　　因此，教導孩子遊玩方式是非常重要的事。**只要記住遊玩方式，就能交到朋友，社交技巧也會提升**。另外，由於能夠應對各種情況，所以也能獲得社會適應能力。培養社交技能也就表示，能夠提升生活品質。舉例來說，像是「孩子將來交到了推心置腹的朋友」、「出了社會後，即使和不認識的人接觸，也不會做出失禮的行為」等。透過遊玩能夠讓人得到人生所需的人際關係與社交技巧。我們也可以說，**教導孩子遊玩是一種有先見之明的教育方式**。

　　那麼，在教導孩子遊玩時，首先，請家長和孩子1對1地玩遊戲吧。當親子間能夠愉快地遊玩後，接著讓朋友或兄弟姊妹也一起加入遊戲。此時，也要教導孩子團體遊戲的規則。

　　在可以讓大家一起簡單遊玩的遊戲中，我推薦的是「黑鬍子千鈞一髮（註：俗稱海盜桶）（TAKARA TOMY製造）」。

　　在這個遊戲中，由於每個參加者會依序將短劍刺進桶子的小孔中，所以可以教導發展遲緩兒童開心地按照順序遊玩。如果孩子不知道現在輪到誰時，也可以在視覺上多下一點工夫，像是「讓輪到要將短劍刺進桶子小孔中的人戴上帽子」等。

　　另外，當發展遲緩兒童將短劍刺進桶子的小孔中時，如果黑鬍子跳出來的話，就當場對他說「真可惜啊。玩遊戲時，有時候也會輸喔」，教他「勝負」，藉此也能成為讓孩子不陷入恐慌狀態的練習。

當發展遲緩兒童記住遊戲規則後，最後請讓孩子獨自遊玩。

另一方面，只要事先透過下列這種社交故事來教導孩子遊戲的勝負，就能讓孩子更加不會陷入恐慌。

我和媽媽、朋友一起玩了「黑鬍子千鈞一髮」。

玩「黑鬍子千鈞一髮」時，每個人要依照順序將短劍刺進桶子的小孔中。

輪到我玩時，我就將短劍刺進去。

刺進短劍後，如果黑鬍子跳了出來，就代表這場遊戲輸了。

玩遊戲時，有時候會贏，有時候也會輸。

透過遊戲來教孩子規則與同理心。

· **遵守順序**
· **遵守規則**
· **在遊戲中，不管贏了還是輸了，都沒關係**

· **理解對方的心情**

　　　　……**等等**。

藉由遊玩好的遊戲，孩子就能開心地學習，並促進均衡成長。

請試著這樣做吧！

只要記住遊玩方式，就能提升社交技巧，獲得社會適應能力。
這樣做是在提升孩子的生活品質。

請孩子幫忙做家事吧

幫忙做家事也是培養社會適應能力的練習

藉由幫忙做家事來培養孩子的自我價值感

當孩子上小學後,請逐步地讓孩子幫忙做家事吧。

「我家那個注意力不集中的孩子做得到嗎?」、「我家的孩子笨手笨腳的,似乎會增加多餘的麻煩。」

請各位家長們不要這樣想。

當然,一開始也許會失敗。

話雖如此,**發展遲緩兒童很擅長做固定的行為**。而且,**幫忙做家事也是一種能夠培養社會適應能力的練習**。

相反地,當發展遲緩兒童閒到無事可做時,會因為不知道自己該做什麼才好而變得不安,而且容易陷入恐慌狀態。

因此,在家中,建立一套能**讓孩子自主行動的機制**也很重要。

另外,雖說是做家事,但大家也不必想得太困難。

舉例來說,下列這些是孩子也能輕易做到的家事。

· **每天早上到信箱拿報紙。**
· **將盤子和杯子拿到餐桌上。**
· **擦拭餐桌。**
· **擦拭廁所的馬桶座。**
· **將毛巾等洗好的衣物摺好**

……**等等。**

教孩子做家事時,要使用文字和插圖來將步驟寫在紙張或卡片上,一邊讓孩子看,一邊教。直到孩子習慣做家事前,請家長要在孩子身旁照料,當孩子做不到時,請給予協助吧。

當孩子能夠順利做家事時,請家長務必要笑著用「謝謝你,幫了我大忙」、「你把毛巾摺得很整齊,媽媽很高興喔」這類話語來表示感謝吧。如此一來,孩子就會覺得「自己所做的事情有派上用場」,提升自我價值感。

另一方面，當孩子家事做得不好時，請家長要一邊笑著用「謝謝你把杯子拿過來。就算把杯子的水灑在餐桌上也不用擔心，只要擦乾淨就好了喔」這類話語來表示感謝，一邊教孩子如何面對失敗吧。

請試著這樣做吧！

當孩子幫忙做完家事後，
請家長笑著說「謝謝」，
持續培養孩子的自我價值感吧！

建立一套
便於收拾物品的機制

整理房間，營造一個讓孩子容易專心的環境

決定物品的放置場所

在發展遲緩兒童當中，ADHD兒童與LD兒童特別不擅長收拾物品。

這是因為，ADHD兒童與LD兒童都會出現「健忘」、「記憶力較弱」、「注意力不集中」等特性。

舉例來說，雖然準備好了要帶到學校的物品，但注意力被其他事物奪走，連準備工作本身都忘了。結果，孩子變得不知道東西放在哪裡。

相反地，由於亞斯伯格症兒童對於物品的擺放很講究，所以會傾向於將物品放在固定位置。不過，由於房間內擺放了大量孩子很關注的物品，所以對周遭的人來說，房間會給人雜亂的印象。

雖然孩子不會整理東西的理由各有不同，但房間一旦很雜亂，就無法專心讀書，生活態度也會變得散漫。舉例來說，「我把直笛放在哪裡了呀？」在找東西的過程中，孩子的注意力會被其他物品吸引，變得無法專心。

因此，在每週的行程表中，請加入「星期日早上10點是收拾物品的時間」這類行程，讓孩子養成收拾物品的習慣吧。

此時，**建立一套便於孩子收拾物品的機制是很重要的**。

首先，**要制定規範，請孩子務必將物品放在固定位置**。舉例來說，像是「直笛要放在這個架子上」、「鉛筆要放回此處」、「T恤要收進這個架子內」等。另外，**在衣櫃與書桌的抽屜內設置隔板，讓人比較方便收拾物品**。

為了讓孩子容易看懂，請透過文字、插圖、照片等方式來表示物品的放置場所吧。

另外，**事先將已整理好的房間拍成照片，貼在房間內**，孩子在收拾物品時，就會知道什麼東西該放在哪裡，

所以很有用。

　另一方面，當孩子的房間很亂時，請和孩子一起清理房間。接著，當房間收拾好後，請用「你做得很好呢。房間變整齊後，心情就會變好喔」之類的話來誇獎孩子吧。

　當房間有經過整理時，住起來就會很舒適，也不易遺失物品。

　為了教孩子一定**要將物品放在固定位置**，請徹底地將這項規則教給孩子吧。

請試著這樣做吧！

為了教孩子一定要將物品放在固定位置，
請制定一個「收拾物品的時間」，讓孩子
養成收拾物品的習慣吧！

教導孩子
公共場所的規範吧

光是說「請安靜」的話，孩子無法理解

讓孩子認識到正確行為吧！

發展遲緩兒童之所以無法在公共場所保持冷靜，是因為「無法抑制衝動」、「注意力不集中，無法安靜坐在位子上」、「一旦專注於某件事，就不會在意周遭情況」、「五感很敏感」等特性所造成的。

舉例來說，像是「無法依序排隊」、「用餐時，無法保持安靜」、「在婚喪儀式中一直說話」、「討厭街上的人群」……等。

不過，雖然孩子沒有遵守公共規範，但即使生氣地對孩子說「請安靜」，孩子也完全無法理解自己為何挨罵。

具體地教導孩子在公共場所「為什麼必須保持安靜」是很重要的。

此時，請使用有文字和插圖的卡片，**讓孩子透過視覺來理解吧。**

舉例來說，要教導孩子下列這類規範。

①依序排隊的情況
· 讓孩子看周圍人群的排隊情況。
· 告訴孩子「排隊是對的事情」、「不排隊是錯的事情」。
· 告訴孩子不用慌張。

②注意力不集中的情況
· 告訴孩子，遇到「用餐時」、「在餐廳內」等情況時，依照規定，直到大家說出「多謝款待」前，都要靜靜地待在座位上。
· 如果孩子無論如何都想活動身體的話，就帶他去廁所。

③沒有顧慮到周遭人群的情況
· 在「電車上、婚喪儀式中」等有很多人群的地方，要告訴孩子此處的狀況與應有的行為。
· 告訴孩子，當大家都在安靜地聽某個人說話時，就是「聽別人說話的

時間」。

④討厭街上人群的情況

·當孩子很在意氣味或聲音時，請讓孩子戴上口罩或耳罩。

像這樣地教導孩子公共場所的規範與應對方式。

即使如此，孩子還是不遵守規定時，請先觀察周圍情況，如果不危險的話，當孩子做出擾人行為時，就採取有**計畫的漠視**吧。

當自己的行為沒有受到關注時，孩子就會採取正確的行為。接著，當孩子做出正確行為時，請家長務必要用「真了不起呀」、「你好能忍啊」之類的話來稱讚孩子，**讓孩子自己認識到正確行為。**

請試著這樣做吧！

依照狀況來教導孩子「等待」、「排隊」、「聆聽」的涵義吧！

請多留意，
避免孩子受傷或發生意外吧

**當孩子快要發生危險行為時，
每次都要教導孩子正確的行為**

當孩子做出危險行為時，家長更要冷靜地應對

　　由於發展遲緩兒童擁有「當場做出一時興起的行為」、「無法想像行動後的結果」、「缺乏空間認知功能」等特性，所以在家中或出門時，都容易受傷或造成意外。

　　舉例來說，像是「突然衝到道路上」、「攀爬圍牆，快要掉下來」之類的危險行為。

　　話雖如此，**家長焦急地責罵孩子「這樣很危險耶」**，只會造成反效果。孩子也可能會因為驚嚇而受傷，最重要的是，「為什麼很危險」這一點完全沒有傳達給孩子。

　　當發展遲緩兒童**採取危險的行為時，幾乎都不知道「那樣做是危險的」**。因此，請家長**事先下達**「不可以那樣做喔。要○○才對喔」這樣的指示吧。

　　接著，請冷靜地教導孩子「如果△△的話，就會受傷，所以很危險喔」這一點吧。

　　舉例來說，當孩子突然想要過馬路時，要伸出手指說明「不可以衝到馬路上喔。來等那個紅綠燈吧」。接著，再具體地教導孩子正確的行為，像是「如果突然衝到馬路上，就會被車撞喔。過馬路時，要遵守規定，走行人穿越道喔。接著，要先看看左右兩邊，確認沒有車子後，再過馬路吧」。

　　為了增加正確行為，減少危險行為，所以事先使用文字、插圖、照片等來製作卡片，讓孩子看，教導孩子規則，也很重要。

　　即使一次跟發展遲緩兒童講好幾件事情，他也記不住。

　　當孩子快要做出危險行為時，請家長每次都要反覆教導孩子正確行為。

當孩子快要做出危險行為時，請家長先下達「不可以那樣做喔。要○○才對喔」這樣的指示後，再冷靜地告訴孩子「為什麼很危險」吧！

也要顧及
兄弟姊妹的心情

發展遲緩兒童的兄弟姊妹總是在忍耐

請從平常就多顧慮兄弟姊妹的心情吧

「你是哥哥，所以能夠忍耐對吧。」

「姊姊當然要照顧弟弟啊。」

「我現在正在處理你哥哥的事情，所以你可以自己做嗎？」

⋯⋯等等。一般來說，當家中有其他兄弟姊妹時，家長往往會去關注需要照顧的孩子。另一方面，「當個好孩子吧」，即使這樣忍耐，孩子還是使「為什麼媽媽總是特別照顧他呢」這種寂寞的心情變得愈來愈強烈，並累積壓力。

尤其是，當家中有發展遲緩兒童時，「想要平等對待兄弟姊妹」即使家長這樣想，還是會時時陪伴在發展遲緩兒童身旁。**在生活中，非障礙兒童看到家長的模樣後，就會傾向於默默忍受想要撒嬌的心情。**

因此，請家長從平日就要多用心去理解「非障礙兒童正在努力地忍耐」這一點。而且，**家長要定期花一些時間和非障礙兒童獨處，並讓孩子盡情撒嬌吧。**

舉例來說，像是「在公園內遊玩」、「去水族館」、「帶孩子去看電影」等，家長要陪非障礙兒童做他想做的事。另外，對於該孩童平日的努力，家長也要用「謝謝你」、「最喜歡你了」之類的話來將「家長總是很重視這個孩子」這一點傳達給孩子。

這樣做的原因是因為，**非障礙兒童會在無意中變得愈來愈沮喪。**如果對其心情置之不理的話，孩子將來長大後，也可能會覺得家庭關係是一種負擔。

在有發展遲緩兒童的家庭內，家長平等地對待其他兄弟姊妹是很重要的。

無論是否有障礙，每個孩子都有各自的特性。**對發展遲緩兒童所採用的教育，並非是在做特殊的事情。這種**

教育是在協助孩子採取自主行動。

因此，我們不必過於起勁地將孩子分開來對待，像是「由於這個孩子和其他孩子不同……」、「這個孩子是非障礙兒童，所以……」。

藉由平等地採用相同的教育方式，就能培養兄弟姊妹之間的感情。而且，孩子彼此之間會聊天、玩樂、吵架、合作，藉此孩子們就會各自地獲得社會適應能力。

也讓祖父母理解孩子的特性吧

讓家長的父母，也就是**祖父母，理解發展遲緩兒童的特性，是很重要的。**在緊要關頭時，如果有了祖父母的理解，就能得救。

舉例來說，家長可以將發展遲緩兒童交給祖父母照顧幾個小時，這樣家長就能和非障礙兒童獨處一段時間。話雖如此，在比較久以前，當孩子出現發展遲緩症狀時，夫家的雙親就可能會用「孫子的發展遲緩，應該是你們家的血統造成的吧？」這類話語來責備妻子。另外，當祖父母沒有理解發展遲緩的特性時，也會用「不會教養孩子」這種話來責備妻子。發展遲緩是腦部功能發展不均所造成的特性，與家長的教養方式完全無關。如果媽媽遭受責備，請爸爸要保護媽媽不受到來自周遭的傷害。

另外，無法獲得祖父母的理解時，由於夫婦倆會承受更多的心理負擔，所以和祖父母保持距離也是方法之一。

請試著這樣做吧！

家長也要理解沒有發展遲緩症狀的
兄弟姊妹的心情，
並定期花一些時間和那個孩子獨處吧！

不要理睬孩子的暴躁脾氣

教導孩子情緒的控制方法吧

透過有計畫的漠視來對抗孩子的暴躁脾氣

當孩子覺得事情不如己願時,或多或少都會在家長或兄弟姊妹等親近的人面前發脾氣。舉例來說,像是「我想要的零食,你都不買給我」、「媽媽不肯聽我說話」等。

暴躁脾氣與不安或瞬間重歷其境所引發的恐慌狀態不同。這是一種孩子無法透過言語來傳達情緒,也無法控制情緒的狀態。發展遲緩兒童特別容易出現這類情況,即使不是在家長或兄弟姊妹等親近的人面前,孩子還是會大發脾氣,像是又哭又叫、丟東西等。

話雖如此,家長也不必因為「這樣會打擾到其他人」就被發展遲緩兒童的暴躁脾氣牽著鼻子走。

如果被暴躁脾氣牽著鼻子走,孩子就會記住「**只要發脾氣,父母就會照**自己的意思來行動」。無論是否是發展遲緩兒童,這個道理對所有孩子都一樣。

因此,當孩子發脾氣時,家長首先要說「不可以喔」,將想法傳達給孩子。另外,**如果家長也因為感情用事而生氣的話,孩子就會變得更加無法控制情緒,**所以始終都要冷靜地用溫柔的語氣來傳達想法。

即使如此,孩子還是不斷發脾氣,又哭又叫,跺腳,在地上打滾的話,家長就要採取**有計畫的漠視**。每當孩子發脾氣時,家長就不理不睬,藉此孩子就會學到「**即使發脾氣,父母也不會照自己的意思去做**」。

當孩子恢復平靜時,請家長用「你真會忍耐啊」這類話語來稱讚孩子,並依偎在孩子身旁吧。

引導孩子說出想法吧

當孩子大發脾氣時，有可能是想要達成自己的要求，另一方面，也可能是有事情想和父母說，或是想得到父母的關注。在這種情況下，家長陪在孩子身旁，詢問孩子真正想說的事，慢慢地聆聽孩子的想法，也很重要。接著，請**協助孩子說出想法**，讓孩子能夠一點一滴地說出自己的心情吧。

舉例來說，當孩子想要拿架子上的玩具時，但母親在晾衣服，沒有注意到他，於是孩子就會大哭大叫。

母親首先要靜靜地依偎在孩子身旁，直到孩子冷靜下來。如果孩子丟東西的話，就把他帶到其他房間。

等到孩子恢復平靜，就跟他說「不哭了，真乖」，然後再問「為什麼要哭呢？」。

即使知道「孩子想要別人幫他做某件事」，也不要搶先行動。等到孩子做出伸出手指或「幫我拿」等動作時，家長再問他「這樣就行了嗎？」，幫他拿玩具。

像這樣地，**引導孩子說話或做動作，對於培養溝通能力來說，是很重要的**。

如果父母過度搶先行動的話，孩子的溝通能力就不會進步。當孩子學會透過言詞或動作來表達情緒和心情後，大發脾氣的情況也會減少。

為了讓孩子獲得社會適應能力，持續讓孩子練習說出自己的情緒和心情是很重要的。

請試著這樣做吧！

透過冷靜的應對方式來面對暴躁脾氣。
教導孩子透過言語來表達情緒和心情吧！

培養孩子的
自我價值感吧

培養孩子的優點，逐漸改善缺點

培養孩子的優點吧

比起非障礙兒童，發展遲緩兒童做得到的事與做不到的事會有很大的差距。

雖說如此，但我們唯獨**不能**以「非障礙兒童做得到的事情」為標準，**強迫孩子去做他做不到的事情**。

持續地強迫孩子去做他做不到的事情，會導致「與其他孩子相比，自己很沒用」這種自我否定感變得愈來愈強烈。

最重要的是，在教導孩子時，不能用社會上的一般標準，而是要用符合發展遲緩兒童程度的標準。

在這種情況下，請家長要去理解孩子的特性，提供協助，培養孩子的優點吧。

另一方面，雖然人們往往只會去關注發展遲緩兒童的缺點，但他們實際上也有許多擅長的事、做得到的事、喜愛的事物。

舉例來說，像是「擅長寫作文」、「很會打電腦」、「擅長背誦」、「想像力豐富」、「好奇心旺盛」……等許多優點。

請家長不要將孩子的優點視為理所當然，而是每次都要用「你連這個都會啊！好厲害喔」之類的話來稱讚孩子吧。

藉由獲得父母的認同，孩子就能提昇自我價值感，所以能夠進一步地去做擅長的事，培養自信。

另外，**當孩子對某件事物有興趣時，也建議讓孩子去學習相關的才藝**。

當孩子的活動範圍從家中和學校擴大到才藝教室後，就能培養新的人際關係，擴展孩子的視野。接著，當父母與周遭的人稱讚孩子的優點時，孩子就能更加提昇自我價值感，所以能夠用積極的態度去面對事物。

不過，當孩子在學習才藝時，無論是否有幹勁，都可能會出現無法適應人或環境的情況，所以請家長要事先讓孩子到多間才藝教室去體驗看看吧。然後再從中選擇孩子「想要去」的場所。

協助孩子接觸不擅長的事

對於不擅長的事，**透過不同的方法來讓發展遲緩兒童獲得成功體驗也很重要**。此時，家長的協助是不可或缺的。另外，配合發展遲緩兒童能夠理解的程度也很重要。

舉例來說，當小學 3 年級的 LD 兒童只會小學 1 年級程度的讀書寫字時，請從小學 1 年級的程度開始學起吧。

另外，雖然某個 LD 兒童不擅長讀書寫字，但聽得懂人說的話。在讓這位孩童寫國語作業時，家長要將文章念給孩子聽。接著，用口頭方式來向孩子提問。家長將孩子用口頭方式回答的內容大大地寫在紙上。此時，請務必要用「光用聽的，就能回答問題，好厲害喔」這類話語來稱讚孩子吧。另外，對於能夠使用電腦來閱讀、書寫文字的 LD 兒童，要帶頭讓他使用電腦。

即使是不擅長的事，只要透過符合孩子特性的方法來**慢慢地逐步教導，孩子能夠做到的事情也會逐漸增加**。

請試著這樣做吧！

**請家長透過符合孩子特性的方法，
來協助孩子做「擅長的事」、
「不擅長的事」吧！**

第 **4** 章

在家中
也能協助孩子的
學校生活！

「經常遺失物品」、「無法應對課程的變更」、「不擅長讀書」——
在家中協助學校生活也很重要。
多留意適合該孩童的靈活應對方式吧。

不要讓孩子覺得自己「不會讀書」

請家長去理解孩子對什麼事感到棘手吧

透過適合孩子的方法來讓孩子學習吧

當孩子完全無法理解作業的內容時,「該寫作業囉」即使家長這樣催促,LD兒童也只會靜靜地在書桌前等待,忍受時間經過。再加上,如果家長責罵說「連一題都沒寫。這30分鐘你都在做些什麼?居然還在紙上塗鴉!」,孩子反而會說不出「我看不懂作業」,並默默地傷害自尊心。

由於LD兒童的讀書寫字等學習能力發展不均,所以在學校內當然不用說,即使是家庭作業,也無法透過一般的學習方法來學習。這與智能發展遲緩無關,而是因為LD孩童所看到的景象、聽到的聲音、理解方式和非障礙兒童不同。

請大家先記住,強迫LD兒童接受一般的學習方法,在某種意義上,是在浪費孩子的時間與才能。

在讓LD兒童進行學習時,**重點在於,家長首先要去察覺「孩子對什麼**事物感到困難呢」這一點。

舉例來說,是不擅長寫字呢,還是不擅長閱讀,或者是不擅長計算呢……等等。

然後,再選擇適合孩子的學習方法。此時,也建議運用學習輔助工具。

而且,請家長也要事先向學校老師說明孩子的特性,拜託老師出符合該孩童程度的作業吧。

不僅是LD兒童,在教導發展遲緩兒童時,也要在學習方法上多花一點工夫。單方面地強迫孩子接受一般的學習方法,使孩子深信「**自己不會讀書**」,是非常可惜的事。這種深信不疑的想法,會使孩子失去幹勁,變得連原本擅長的事情也做不到。

這樣說也不怕大家誤會,我覺得可以不用在意「漢字的寫法」、「字的好

看程度」、「跟不上該年級的數學課程」這些事。這是因為，我認為**採用符合孩童程度的教育方式才是合理的教育**。

為了發展遲緩兒童的幹勁，重點在於，家長要讓孩子從擅長的部分慢慢學起，讓孩子獲得成功體驗。不要受限於「社會上的一般觀點」，請透過適合孩子的學習方法來讓孩子學習吧。

請試著這樣做吧！

不要受限於「社會上的一般觀點」，
透過家長的理解與巧思，
就能找出適合孩子的學習方法！

避免物品遺失的對策

即使有提醒孩子，還是會遺失物品

若想避免物品遺失，家庭內的協助很重要

雖然孩子連續幾天都遺失物品，但還是請家長不要用「你每天都遺失物品，是不是根本沒有在聽老師說話？」之類的話，不分青紅皂白地責罵孩子。

發展遲緩兒童既不會故意遺失物品，也不會不專心聽老師說話。

在發展遲緩兒童當中，ADHD兒童與LD兒童會因為腦部特性而出現「記憶力較弱」與「注意力不集中」的情況，所以即使有提醒他，還是會遺失物品。

由於這光靠孩子本身的努力是無法解決的，所以為了減少孩子遺失物品的頻率，家庭內的協助是很重要的。另外，事先將孩子的特性告訴學校老師，讓家長和老師共同掌握孩子在家中與學校的情況，也很重要。

作為學校生活中的基本遺失物對策，我們可以告訴孩子以下3點。

①**需要帶到學校的物品，一定要寫在聯絡簿上。**
②**透過檢查表來讓孩子確認。**
③**製作用來放文件類的「聯絡資料夾」、「作業資料夾」。**

另外，家長平常對孩子說「你有檢查明天要帶的東西嗎？」之類的話，也是一種遺失物對策。由於孩子回家後，容易關注其他事物，所以家長要透過提醒來讓孩子回想起來。

需要帶到學校的物品，一定要寫在聯絡簿上

讓孩子養成每天將「老師在學校內所說的必要物品」**寫在聯絡簿上的習慣吧。**

舉例來說，像是作業、運動服、給監護人看的文件、要繳交的款項等。

如果孩子不擅長寫字的話，請事先製作貼紙（作業貼紙、文件貼紙、直笛貼紙等）和檢查表。

由於只要將貼紙貼在聯絡簿上，並進行檢查，所以對於不擅長寫字的孩子來說，是個很推薦的方法。

另外，孩子在聯絡簿上做的筆記，要讓老師確認。而且，孩子回家後，請家長務必要檢查聯絡簿。

只要讓孩子養成檢查聯絡簿的習慣，在採取**遺失物對策**的同時，還能讓孩子採取**自主行動**。

透過檢查表來確認

來製作**「要帶回家的物品」**、**「要帶到學校的物品」**這2種檢查表吧。

首先,由於**「要帶回家的物品」**的**檢查表**是每天都會重覆確認的項目(教科書、鉛筆盒、作業卷、給監護人看的文件等),所以只要事先用電腦來將格式製作好,就會很方便。

而且,放學時,要讓孩子透過檢查表來確認與檢查「要帶回家的物品,是否有遺漏呢?」。

接著,在**「要帶到學校的物品」**的**檢查表**中,除了隔天要帶到學校的物品以外,只要事先加入課程表,就會更加不易遺失物品。在製作此檢查表時,也請事先用電腦來將格式製作好吧。

當孩子從學校回到家後,家長首先要和孩子一起檢查聯絡簿。

檢查完聯絡簿後,讓孩子在檢查表的「隔天要帶到學校的項目」中寫上要帶的物品。

在製作「要帶到學校的物品」的檢查表時,**也很推薦運用白板**。

在客廳、兒童房等孩子容易看到的場所擺放白板,只要事先將要帶到學校的物品寫在白板上,就可以立刻確認隔天要帶的物品,所以會變得不易遺失物品。

製作用來放文件類的「聯絡資料夾」、「作業資料夾」

製作**「聯絡資料夾」**、**「作業資料夾」**來存放給監護人看的文件、孩子的作業卷。

教孩子將學校所發的文件放進各個資料夾中。

在資料夾部分,只要運用透明資料夾或透明文件盒,就能看到內容物,所以不易搞錯。

請教導孩子,回到家後要將「聯絡資料夾」交給家長。

此時,家長也要檢查「作業資料夾」。

請試著這樣做吧！

在遺失物對策中，父母的提醒也很重要。當孩子在準備隔天要帶的物品時，父母請用「有好好地檢查，很棒喔」這類話語來稱讚他吧。

忘記自己在學校內的職責

讓孩子認識到自己在學校內的職責所代表的涵義

在家中也要協助孩子在學校內的值日生工作與班級幹部的工作吧

打掃值日生、打飯值日生、班級幹部、學生會活動……等。上了小學後，孩子就會被賦予各式各樣的職責。

在發展遲緩兒童當中，由於ADHD兒童和LD兒童的特性為，記憶力較弱與注意力不集中，所以有時候會忘記自己在學校內負責的工作。

由於發展遲緩兒童會因為這些特性而無法順利勝任學校內的職責，所以會讓同班同學覺得「真狡猾」，有時也會使孩子在教室中被孤立。

話雖如此，**發展遲緩兒童並不會故意放棄自己的職責**。由於「無法理解該職責的步驟」、「無法持續保持專注」、「忘了別人交代的事」等因素，所以孩子無法勝任學校內的職責。

因此，為了讓孩子能夠完成在學校內的職責，所以在家中也要給予協助吧。

首先，將孩子的特性告訴學校老師，讓老師理解。另外，家長和老師也要事先共同掌握孩子的情況。

接著，請孩子或老師告訴家長，孩子在學校內所擔任的值日工作與班級幹部等職責。而且，還要向校方索取該職責的實行步驟指南，一邊讓孩子在家中實際體驗，一邊向孩子說明該職責的涵義。

舉例來說，使用打飯值日生與打掃值日生等的值日生指南，讓孩子在家中練習準備晚餐與打掃房間。

當孩子忘了做家事的步驟時，請讓孩子再看一次值日生指南，並讓他確認吧。與此同時，家長也要用「在學校內當值日生或班級幹部時，如果忘記步驟的話，只要先看指南再採取行動就行了喔」之類的話來教導孩子養成**「先看指南再採取行動」的習慣**。

另一方面，對於無法持續保持專注的孩子，請事先**制定獎勵**，然後讓他幫忙做家事。當孩子做完家事後，就把獎勵交給他，讓孩子獲得成就感。

孩子做完家事後，請家長務必要用「做得很好。謝謝你。幫了我大忙喔。」等話來稱讚他吧。當孩子因完成職責而獲得稱讚後，自我價值感就會提昇。在家中幫忙做家事是很好的經驗，可以讓孩子認識到「學校生活中的職責的涵義」。

請試著這樣做吧！

在家中也要向孩子說明學校內的職責的重要性，並讓孩子理解吧！

無法應對情況的變動

對於已決定的事情很固執

逐步地讓孩子體驗情況的變動，並讓他習慣吧

亞斯伯格症兒童不擅長想像。另外，由於對於已決定的事情很固執，所以也不擅長應對突然變動的情況與不定期的活動。

舉例來說，像是課程表的變動、學校活動（運動會、學習成果發表會、遠足、社會科校外參觀、校外教學……）等。

話雖如此，在度過學校生活時，原本就會伴隨著變化。

「你這個孩子對於已經決定的事情，會非常固執呢」在理解孩子的特性後，請家長提供協助，讓孩子能夠更加順利地度過學校生活吧。

另外，也要事先向學校老師說明孩子的特性。

將課程變更與學校活動排入家中的行程表中，使其可視化，讓孩子看得懂。

事先得知課程內容的變更時，請家

長要寫出變更後的課程表，一邊讓孩子看，一邊告訴他吧。另外，畫出簡易的學校平面圖，一邊讓孩子觀看圖片，一邊用「明天上美勞課時，如果是晴天的話，就在操場上畫圖。如果下雨的話，就在教室內畫圖」這類話語來說明，孩子就會更加容易想像出要在哪裡做什麼事。

只要事先將行程表貼在孩子時常會看到的地方，讓孩子隨時都能確認情況的變動，孩子就會變得比較能夠應對情況的變動。

另一方面，當學校要舉辦遠足或校外教學等活動時，事先用網路等方式調查該地點，一邊讓孩子看，一邊說明該處是什麼樣的地方，就能稍微減輕孩子的不安。

話雖如此，依照孩子的身體狀態，即使家長在前一天告訴孩子學校行程的變動，隔天早上孩子還是有可能不

想上學。

出現這種情況時，孩子會產生過度的緊張與不安。在這種狀態下，如果家長說出「我昨天有說明課程變動的事情對吧」之類的話，強迫孩子去上學的話，孩子就會容易陷入恐慌。

而且，孩子之後也可能會變得頑固地無法接受事情的變動。

因此，在將學校課程或活動等變動告訴孩子時，**絕對不要強迫孩子**。請家長多注重**靈活的協助方式**，讓孩子能時常處於放心的狀態吧。

請試著這樣做吧！

在面對很固執的孩子時，不要強迫孩子接受事情的變動。讓他在學校生活中逐步地慢慢習慣事情的變動吧。

休息時間的運用方式

ASD ADHD LD

孩子能藉由獨處來恢復精神

教導孩子休息時間的運用方式

在發展遲緩兒童當中，亞斯伯格症兒童會因為不知道該如何度過學校的休息時間而感到不安。

亞斯伯格症兒童雖然能夠適應「宛如上課一般的結構化環境」，但如果有人對他說「請自由活動」，他反而會因為不知道該做什麼而感到困擾。

而且，由於聽覺很敏感，所以只要在意周遭的聲音，就會靜不下心來。

請家長向學校老師說明孩子的特性，並討論該讓孩子如何運用休息時間吧。

教導孩子休息時間的具體運用方式。

一般來說，人們往往會覺得「休息時間就是要和朋友一起玩」。

話雖如此，雖說是休息時間，但我認為**有的孩子喜歡獨處，不必強迫他和朋友一起玩**。

當然，與班上的朋友交流也很重要。說起來，亞斯伯格症兒童每天在不習慣的學校生活中，都會不自覺地感到緊張。

正因如此，**給他能夠放鬆的時間，讓他在休息時間獨自放鬆，也很重要。**

當孩子在學校生活中能夠安心地度過休息時間後，再慢慢地教孩子與朋友交流、玩樂的方法吧。

孩子把休息時間當成可以看自己有興趣的書的時間。

當班上很吵，無法靜下心來時，就讓孩子在保健室度過休息時間（事先將孩子的特性告訴保健室的老師，並提出請求）

當孩子變得能夠安心地度過休息時間後，再慢慢地增加和朋友一起玩的時間。

請試著這樣做吧！

在學校生活中，孩子會不自覺地感到緊張。在休息時間，請讓孩子在安穩的環境中放鬆吧！

對朋友使用暴力

發展遲緩兒童在生氣時，會無法阻止自己

家長要去理解「使用暴力」也是有理由的

在學校生活中，發展遲緩兒童容易引發的糾紛就是對朋友採取粗暴行為。

舉例來說，像是以下這類糾紛。

· 遭到朋友嘲笑時，會衝動地毆打朋友，痛罵對方。
· 當自己的意見不被認同時，就會朝周圍丟東西。
· 和朋友吵架時，會立刻出手打人。
· 即使朋友做了惹人厭的行為，也無法說出「別這樣」之類的話，結果就會使用暴力。

由於發展遲緩兒童具有**「無法控制怒火」**、**「不擅長透過言語來表達情緒」**等特性，所以生氣時無法阻止自己。因此，當孩子冷靜下來後，只要遭到家長或老師責罵，孩子就會反省自己「我為什麼會做那種事呢」。

話雖如此，**學校內的糾紛大多發生在大人沒注意到的地方**。如果大人們對此置之不理的話，也可能會演變成霸凌事件。

舉例來說，因為同班同學的嘲弄而引發糾紛時，孩子雖然會對使用暴力一事反省，但卻無法將自己受到傷害的心情告訴家長或老師，孩子也可能會逃學。

重點在於，父母和老師不能單方面地責備孩子，而是要用「為什麼要使用暴力呢？」之類的話來問孩子，察覺孩子的痛苦心情，仔細聆聽孩子的話。然後再教導孩子「暴力是不對的」。

即使全都是對方的錯，還是必須教導孩子「絕對不能使用暴力來傷害對方」。

146

為了避免這類糾紛發生，家長時常和老師共同掌握孩子在學校內的情況是很重要的。

在家中，家長理解孩子的特性後，要教導孩子「情緒的控制方式」與「透過言語來表達情緒的方法」等。這是因為，**讓孩子學習如何抑制情緒，也有助於減輕孩子在學校生活中所感受到的痛苦**。

教導孩子控制情緒
當孩子即將動手時，請將孩子帶到其他房間，讓孩子深呼吸。

讓孩子表達情緒
使用喜怒哀樂卡片來訊問孩子現在的心情。

讓孩子恢復平靜
將能讓孩子恢復平靜的話語做成護身符，告訴孩子，當自己感到焦躁時，請觸摸護身符，讓心情恢復平靜。

請試著這樣做吧！

家長在理解孩子使用暴力的原因後，
要告訴孩子「暴力是不對的」。
讓孩子在家中學習控制情緒的方法吧！

不想上學

孩子不會任性地說「想要請假」

思考孩子不想上學的理由吧

　　當發展遲緩兒童嘀嘀咕咕地說「不想上學」時，即使家長擔心地問說「怎麼了嗎？是在學校遇到什麼問題嗎？」，孩子也無法說明具體的理由。

　　發展遲緩兒童從平日就會對學校生活中的「學習」、「人際溝通」、「學校內的職責」等棘手的事情感到緊張。因此，一旦**累積過多不安與壓力，五感就會變得更加敏感，所以孩子的身體狀況會因為一點小小的契機就出現問題，變得無精打采。**

　　另外，發展遲緩兒童會用非黑即白的標準來判斷事物，所以只要出現一項不擅長的事物，孩子就會傾向於全部拒絕。

　　出現這種情況時，和感冒一樣，如果想要強迫孩子去上學的話，就可能會使心理問題變得更加複雜。請家長不要太拘泥於「要讓孩子上學」這一點，直到孩子恢復平靜前，請讓孩子休息幾天吧。

　　在我診斷過的發展遲緩兒童當中，有個孩子只會在星期四不想上學。經過多方打聽後，才得知理由是「孩子害怕音樂教室內所擺放的日本人偶」。將那個人偶撤除後，孩子就變得願意上學了。

　　發展遲緩兒童不想上學的理由有很多種，若要舉出代表性的理由的話，以下這些例子很常見。

・**不想上特定的課程。**
・**即使去上學，也不進教室。**
・**遭到同班同學霸凌。**
・**讀書讓孩子感到壓力。**
・**……等等。**

在這些例子中，孩子絕對不會任性地說「我不想上學」。

這樣說也不怕大家誤會，我覺得如果孩子不想上學的話，不讓他去也無妨。

這是因為，**每個孩子不想上學時，肯定都有相應的理由**。

孩子只不過是無法好好地用言語來傳達罷了。

「他之所以無法上學，是遇到什麼困難嗎？」理解孩子的這種心情是很重要的。

然後，請思考對孩子最好的方法吧。

當孩子成為遭受霸凌的對象時

由於發展遲緩兒童具有顯眼的特性，所以容易成為被班上同學「嘲弄」或「霸凌」的對象。

若是霸凌的話，我認為在問題解決之前，不要讓孩子去上學會比較好。

事實上，光憑家長的努力，很難解決學校內的霸凌問題。

比起勉強讓孩子去上學，**「請教學校諮商心理師，維護孩子的心理健康」**更加重要。

實際上，發展遲緩兒童平常在學校生活中，會經常遭受各種傷害。

舉例來說，如果學校老師對發展遲緩不理解的話，由於孩子每天都會遭到老師糾纏不休的責罵，所以孩子的自尊心會受傷，並貶低自己。

家長是最能夠理解孩子的人，也是最好的指導者。

當孩子無法去上學時，請家長更要聆聽孩子的心聲，給予孩子一個能放鬆的環境吧。

當家庭環境很穩定時，孩子就會感到放心，受傷的心靈也較容易恢復健康。

然後，請在家中持續培養孩子的優點與興趣吧。

另外，也必須記得，當孩子很努力地培養優點和興趣時，一定要用「好厲害喔」、「做得很好，很棒喔」之類的話來稱讚他。藉此，孩子的自我價值感就會提昇。

另一方面，也要和學校老師互相聯絡，拜託老師對班上同學進行指導，以消除班上同學對於發展遲緩兒童的偏見。

如果孩子班上同學的家長是PTA成員，或是住在附近的話，就要**拜託對方去詢問「班上同學所看到的自己孩子的情況」，更加深入地去理解孩子有什麼煩惱。**

當孩子快要能夠上學時，先確認過孩子的心情後，再拜託老師或校方，讓孩子去上學時能待在教室以外的地方（保健室或圖書室）。

重要的是，要讓孩子能夠由衷認為上學「很開心」。

家長從平日就要多留意孩子的情況，並在家中教導孩子「與朋友溝通的方式」，「協助孩子學習」。藉此，孩子就能逐漸地改善在學校內的生活方式。

請試著這樣做吧！

家長是孩子最重要的理解者與指導者。
請提供協助，讓孩子能夠覺得上學
「很開心」吧！

將發展遲緩的特性
告訴孩子

在將發展遲緩的特性告訴孩子前，
家長要考慮到什麼？

「將特性告訴孩子」所代表的意義

將發展遲緩的特性告訴孩子，是個敏感的問題。

孩子到了大約小學中年級後，也許就會感受到自己與周圍的差異，並詢問父母「我和其他人為什麼不一樣呢？」這類問題。此時，家長必須注意到的一點為，**不要輕易地將診斷名稱告訴孩子。**

舉例來說，「其實你得了亞斯伯格症喔」告訴孩子診斷名稱後，即使再告訴孩子該病症的特性，孩子也無法正確地理解特性。反而可能會使孩子產生「自己也許背負著某種很嚴重的問題」這種負面想法。

當孩子本身還沒做好接受發展遲緩特性的準備時，即使告訴他診斷名稱，也只會白白地降低孩子的自我價值感。

包含孩子本人的特性在內，家長要將擅長與不擅長的事告訴孩子，並教導孩子能使生活變得較輕鬆的方法吧。

至於是否要說出診斷名稱，先和主治醫師與療育諮商師商量後，再做決定也不遲。

另一方面，如果**還沒建立好一個「能讓家長和周遭人群接受發展遲緩」的體制**的話，還是等一段時間後再告訴孩子診斷名稱吧。這是因為，如果周遭的大人對於發展遲緩的理解不夠深的話，即使將診斷名稱告訴孩子，也只會白白讓孩子感到不安。在那種狀態下，請家長也不要說出診斷名稱，而是客觀地將孩子擅長與不擅長的事情告訴孩子吧。話雖如此，發展遲緩的特性並不會在孩子長大成人後就突然改善。如果孩子一直在不知道自己特性的情況下生活，等到出了社會後，就很容易在工作與人際關係上受到挫折，並產生「自己到底做錯了什麼」這種煩惱。

如果考慮到孩子的將來，為了讓孩子本身理解、接受特性，過著更加

愉快的人生，「**總有一天要將診斷名稱與特性告訴孩子**」這一點是很重要的。

因此，當孩子到了能夠接受發展遲緩特性的年紀後，請家長認真地面對孩子，以避免孩子的自我價值感降低。

一邊提昇孩子的自我價值感，一邊傳達特性吧

在將特性告訴孩子時，最重要的是，**不要傷害孩子的自尊心**。

發展遲緩兒童會在團體中拚命努力。儘管如此，如果周遭的人不理解的話，當孩子因為特性而做得不好時，就會遭到周遭人們的警告與責罵，使得孩子的內心每天都會受傷，並貶低自己。家長在將特性告訴孩子時，請使用能提昇孩子自我價值感的表達方式吧。

舉例來說，請將「孝太郎很不擅長△△對吧。不過，卻很擅長○○對吧。任何人都有擅長與不擅長的事。對於擅長的事，只要開心地持續去做就行了。對於不擅長的事，只要逐步地慢慢努力就行了喔。」這類話語告訴孩子吧。

不要說出具體的診斷名稱，而是說出孩子所具備的特性。這樣做就能在「避免降低孩子的自我價值感」的情況下讓孩子理解。

另外，將「請求別人去做自己不擅長的事，並不是一件難為情的事情」這一點告訴孩子，也許是不錯的選擇。

自我價值感較高的孩子，在身心方面都能保持穩定。如果能在兒童時期就讓他理解自己的特性，等到他長大後，即使告訴他診斷名稱，也不會降低自我評價，而是變得能夠接受自己的特性。

請試著這樣做吧！

在傳達發展遲緩的特性時，請家長一邊考慮孩子的心理時機，一邊用積極的話語來傳達吧！

第 **5** 章

親子都能
展露笑容！
育兒的提示

會不會在育兒方面過於努力了呢？
為了能夠每天都笑著生活，
運用周圍的人與行政機關的協助，
讓自己休息一下，轉換心情，也很重要。

只要使用正面的話語，
對於事物的看法就會變得開朗

為母親的疲憊身心補充養分也很重要

會不會在育兒方面過於努力了呢？

每天，母親都在為育兒，以及家務、工作、人際關係等家人的事情忙個不停。

話雖如此，**由於要是過於努力的話，身心都會變得疲憊，所以容易產生負面的想法。**

舉例來說，您是否有出現過下列這類想法呢

「為何我家的孩子和其他孩子不同，會是個發展遲緩兒童呢？」

「我明明這麼努力，為什麼只有我那麼辛苦呢……」

「不管說多少次，為什麼我家的孩子就是不肯聽話呢？」

「為什麼我無法理解孩子的心情呢？」

「周圍的人似乎覺得孩子教養不好，真難受……」

「偶爾會覺得孩子不可愛……」

「一想到孩子的將來，就會擔心到睡不著覺。」

「偶爾也想要有自己的時間。」

……等等。當人無法保持從容態度時，就會容易陷入負面思考的循環中，像是「和他人比較、把過錯推給別人、貶低自己」等。

因此，就會對平常不會讓人感到焦躁的事情產生過度反應，對孩子做出「漠視」、「痛罵」、「舉起手來想要打人」等舉止。等到恢復平靜後，這次又會陷入自我厭惡的狀態，並可能會產生「我也許不會教孩子」等想法。

唯一可以說的是，**當一個人「過度努力」，努力程度達到身心極限時，任何人的思維都會變得狹隘，無法客觀地接受事物。**

請不要獨自承擔太多責任，逼迫自己。不管是誰，在精疲力盡時，如果

不休息的話，就很難轉換心情。

帶著義務感與罪惡感來養育孩子，反而只會促進負面想法的產生。

正因如此，**暫時停下腳步，為母親的疲憊身心補充養分，也很重要。**

舉例來說，像是「和朋友去吃飯」、「去按摩」、「把孩子托給別人照顧，夫妻倆一起去泡溫泉」、「把孩子托給丈夫或父母照顧，讓自己有自由的獨處時間」、「徵求心理諮詢師的意見」等。藉由度過一段可以放鬆的時間，來慰勞疲憊的自己吧。

而且，**請不要想說「不依靠任何人」**，偶爾也向丈夫、父母、兄弟姊妹、熟人、行政機關的服務等**請求協助**吧。

藉由為身心補充養分，好好休息，人自然會變得充滿精神，切換成正面思考。

為了能夠每天都笑著生活，當你覺得「大概是累了吧？」時，請不要客氣，好好地休息，並轉換心情，也可以說是母親的工作。

透過言詞來培養正面思考

「想要把育兒、家務、工作都做得很好，過著充實的每一天」即使這樣想，但卻「總覺得心情不舒暢，無法順利轉換心情」，您有遇過這種情況嗎？

當心情不舒暢時，就無法做出客觀的判斷，會過度責備自己，容易對自己使用「反正像我這種人……」這類負面的話語。

如果每天都持續對自己說這類負面的話語，當然會受限於自己說的話，幹勁也會下降。

結果，就可能會對孩子和家人感到愈來愈焦急，說出意料之外的話。

孩子比我們想像中還會感受母親的心情。當母親心情焦躁，沒有精神時，孩子也無法安穩地生活。在這種狀態下，孩子會因為緊張而變得連平常做得到的事也做不到，使母親的心情變得更加混亂。

無論是誰，一旦視野變得狹隘，就會去責備自己，無法察覺日常中的美好事物，容易陷入負面思考的循環。

正因如此，轉換心情是非常重要的。換句話說，**藉由轉換心情，就能提昇幹勁，無論怎樣都能使自己變得幸福**。

因此，首先要從**平常無意中所使用的「話語」**改起吧。

光是將負面的話語改成正面的話語，現實就會產生變化。

試著採用Good & New吧

為了讓自己在每天生活中都能採取正面思考，我想推薦的方法是「**Good & New**」。

Good & New指的是，與周圍的人分享「好事（Good）」與「新鮮事（New）」的遊戲。

遊戲的方法很簡單。只要在參加者面前發表從昨天早上醒來後到晚上就寢前所發生的「好事」與「新鮮事」即可，時間為1分鐘。內容即使是日常中的小事也沒關係。

舉例來說，像是以下這類事情。

「今天孩子沒有遺失物品。」
「去買東西時，店家算我比較便宜。」

舉例來說，就是如同下頁那樣的改變。

像這樣地，光是改變話語，就能消除過去那些煩悶心情，並能對自己的心情和行動都產生自信。

為了讓自己每天過得愉快，從平日就要特意地對自己使用正面的話語。

「孩子的朋友來家裡玩。」

發表者說完後，發表者要帶著「愉快」的心情，參加者則要帶著「恭喜」的心情，大家一起拍手。

可以安排一個時間來玩這個遊戲，像是晚餐後。由於只要讓此遊戲變成家人的習慣，就能進行正面的交流，所以能夠分享愉快的心情。

而且，一旦養成習慣的話，幹勁就會提昇，所以就會自然地在日常生活中找尋好事與新鮮事。另外，每次遇到開心的事情時，也會察覺到「沒想到幸福就在我們身旁，俯拾即是」這個道理。

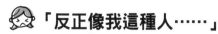「反正像我這種人……」

⬇

「如果是我的話，肯定沒問題！」

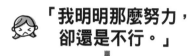「我明明那麼努力，
　卻還是不行。」

⬇

「如此努力的我，很了不起！」

「為什麼我家的孩子和其他孩子
　不一樣呢……」

⬇

「正因為我家的孩子和其他孩子不一樣，
　所以具備特別的才能啊！」

「覺得孩子不可愛……」

⬇

「孩子雖然可愛，但如果不聽話
　的話，我還是會生氣對吧。
　畢竟是人嘛！」

實際上，在我所任職的秩父學園內，有一群家中有自閉兒的母親們，每週會進行一次「Good & New」。

當初遇見那些母親們時，她們內心有好多關於孩子的煩惱，總是露出憂鬱的表情。隨著進行「Good & New」的次數增加，我變得經常會聽到那些母親們說出關於好運的話題，像是「找零是777日圓！」、「彩券中了1萬日圓！」等。

結果，「Good & New」讓那些母親們找回了笑容，氣氛與對話也變得很開朗。

「言語一旦產生變化，行為也會改變。」

如同這句話那樣，只要透過「Good & New」來改變看待事物的觀點，幹勁就會提昇，開心的事情也會變得愈來愈多。

請大家務必要和家人一起嘗試「Good & New」，試著感受正面話語的力量吧。

請試著這樣做吧！

當你感到疲憊時，就需維護身心健康！
只要使用正面的話語，
現實生活就會迅速地變得開朗、愉快。

能夠獨自進行的放鬆方法

自我維護變得緊張的身心吧

請在就寢前「愉快地」微笑吧

「被育兒、家務、工作逼得很緊時，就算晚上有好好睡覺，到了隔天早上，疲勞還是一點都沒有消除。」

當母親如此說道，並露出疲憊表情時，孩子便會緊張地覺得「媽媽是在生氣嗎？」，並犯下意想不到的過錯。

覺得有道理的人，**請從平常就要時時帶著「笑容」。**

笑容能夠使自律神經的副交感神經佔優勢，提昇免疫力，讓人處於放鬆狀態。

也就是說，時時帶著笑容的人，由於**「覺得好幸福！」**的訊號會從腦部

傳送過來，所以**比較容易使用正面思考來面對事物**。

因此，為了疲勞不易消除的人們，下面會介紹就寢時的簡單放鬆方法。

①就寢時，請躺在床上，讓嘴角上揚。
②「愉快地」露出微笑後，再入眠。

只要實踐這2個步驟，腦部就會放鬆，隔天早上醒來時，會感到很舒暢。

由於這個方法很簡單，不花錢也不花時間，所以請務必嘗試看看。

透過漸進式肌肉放鬆法來擊退疲勞

人一旦累積了壓力，身體就容易用力，呼吸也容易變得較淺。在這種狀態下，體內的肌肉會很緊繃，所以血液流動會停滯，變得容易累積疲勞。因此，為了消除身心的疲勞，請透過

「漸進式肌肉放鬆法」來放鬆身體與心情吧。

漸進式肌肉放鬆法的簡單做法如下。

①讓身體某一部分的疲勞肌肉使勁用力約20秒，使其變得緊張。
②20秒後，讓用力的肌肉放鬆。

舉例來說，覺得肩膀很痠時，請將雙肩往上抬20秒，並使勁用力，20秒後，放掉雙肩的力量，讓肩膀落下，使肌肉放鬆。

由於漸進式肌肉放鬆法不受限於場所，在任何地方都能進行，所以當你突然感到疲勞、不安、緊張時，請做這項運動吧。

雖然是簡單的放鬆方法，但由於花幾秒鐘就能消除疲勞，讓身心放鬆，所以我很推薦這個方法。

就寢時的簡單放鬆法

漸進式肌肉放鬆法

請試著這樣做吧！

在面對壓力與疲勞時，
請透過「笑容」與「漸進式肌肉放鬆法」
來自我維護吧！

與地區性支援機構保持聯繫吧

藉由參與地區性團體，來擴展視野，
對孩子的教育與將來也有幫助

參與地區性支援機構

每個孩子的教養方式都不同，光靠指南手冊是行不通的。

再加上，要持續養育孩子，所以許多家長會有育兒方面的煩惱也可說是理所當然。

在這當中，由於家中有發展遲緩兒童的父母，必須依照「不擅長溝通」、「行為衝動」、「注意力不集中」等特性來選擇孩子的教養方式，所以毅力與巧思是必要的。

話雖如此，即使已經教過孩子好幾次，孩子還是會重蹈覆轍時，「明明其他孩子都做得很好，是我的教養方式不好嗎……」家長也可能會像這樣地失去信心，對育兒感到痛苦。

在這種時候，**參與地區性支援機構也很重要**。

能夠幫助發展遲緩兒童的地區性支援機構，包含了「家長協會」、「家屬協會」等支援團體與非營利組織（NPO）。這些地區性支援機構主要會從事下列活動。

- 由專家主持的演說會與讀書會
- 監護人之間的交流
- 提供關於支援服務的資訊
- 提供家屬精神照護與諮詢服務
- 社交技巧訓練
- 親職諮商（parent mentor）
- 父母管理訓練（parent training）

藉由與地區性支援機構保持聯繫，就能向專家學習新的育兒觀念，**家長之間也能進行交流**，所以變得較容易進行簡短的諮詢。而且，遇到緊急情況時，**家長之間也比較容易合作**。

另外，由於家長可以直接向專家諮詢關於「兒童的教育」與「對於兒童將來的不安」，所以視野也會變得寬廣。

地區性支援機構的主要活動	內　容
由專家主持的演說會與讀書會	由兒童精神科醫師、臨床心理師、諮商心理師、教師、保姆、療育中心職員等專家來進行關於「發展遲緩」的啟蒙活動。
監護人之間的交流	用來讓家長之間建立交流網路、交流資訊的場所。
提供關於支援服務的資訊	由地方與行政機關來提供資訊。介紹關於發展遲緩的諮詢機構與支援服務。
提供家屬精神照護與諮詢服務	介紹發展障礙人士扶助中心等諮詢機構與兒童福利諮詢中心等。
社交技巧訓練（SST）	在醫院與療育中心等處的專家的指導下，讓發展遲緩兒童學習、習得在社會上生存下去所需的社交技巧。
親職諮商（parent mentor）	這是一項能夠協助家屬的活動。接受過諮商支援訓練的發展遲緩兒童家長，會一邊陪伴地方上的發展遲緩兒童家長，一邊提供協助，給予具體的育兒建議。
父母管理訓練（parent training）	在這項支援計畫中，家長會向專家學習發展遲緩兒童的育兒方法。在地方自治團體、大學、醫院、非營利組織（NPO）等處，會舉辦1日～數日的現場講習。講習內容主要為，如何應對孩子的擾人行為、引導孩子做出正確行為的方法等。家長能夠以個別或小組活動的方式來學習。

請試著這樣做吧！

藉由與地區性支援機構保持聯繫，就能擴展交流網路，也會變得容易取行政機關的服務與資訊。

與學校的老師
建立合作關係吧

只要運用輔助手冊，就能順利地共享資訊

家長和老師共享孩子的資訊

在學校生活中，發展遲緩兒童「是否能夠過得安穩」？我認為家長會經常擔心這件事。重要的是，家長從平日就要和學校老師共同分享關於孩子特性的資訊，建立信賴關係。

只要事先運用輔助手冊等工具來傳達孩子的特性，就能順利地和老師共同分享「孩子在家中與學校內的情況」等資訊。

此時，家長要注意的是，**不能只是單方面地傳達孩子的資訊，而是要建立起與老師互相合作的關係。**

一位學校老師要照顧數十名學生。實際上，無法只關注發展遲緩兒童。

家長在理解老師的立場後，請務必要將孩子的相關資訊告訴老師。當老師因為孩子做出擾人行為而連絡家長時，請盡快地處理，和老師一起想出最好的方法。另外，也必須事先掌握較容易和老師取得聯絡的時段。而且，如果能夠與學校的校內委員會（由校長、副校長、學年主任、班導師、學校諮商心理師、特殊需求教育協調員、保健老師等所組成）取得聯絡的話，請和校方商量「**在什麼時候，能和哪位老師取得聯絡呢**」這一點，並事先做好決定吧。

輔助手冊的製作方式

當孩子開始上學後，讓老師理解發展遲緩兒童的特性是非常重要的。家長在和老師共享孩子的資訊時，請運用**輔助手冊**吧。輔助手冊彙整了「成長過程」、「性格」、「身體特徵」、「家庭關係」、「生活行程表」等孩子的個人資訊。

在製作輔助手冊時，主要會記載以下這類內容：

①個人簡介

②醫療機關的資訊

③兒童福利諮詢協助與協助服務的使用紀錄

④兒童的手冊取得狀況

⑤兒童的性格特徵

⑥兒童的身體特徵

⑦兒童的周遭環境

⑧兒童「做得到的事」的清單

⑨兒童的生活行程表

⑩給接任老師的交接事項

基本上，**會依照孩子的成長情況與學校來更改輔助手冊的資訊。**

因此，只要使用電腦來製作出格式，每當孩子的學年改變時，由於透過儲存檔案，就能輕易地更改內容，所以很方便。

由於在網際網路上，個人與地方自治團體也有提供輔助手冊，所以我也很推薦大家去運用那些資源。

另外，當孩子的學年改變，要將資料交接給下一任導師時，**如果有輔助手冊的話，就能迅速地共享孩子的資訊**，所以也能順利地與下一任老師溝通。

不過，**輔助手冊**只不過是**資訊共享的方法之一**。請家長還是從平常就要和老師保持適當的溝通，持續地建立起合作關係吧。

請試著這樣做吧！

為了讓老師理解孩子的特性，
請運用輔助手冊吧。
而且，家長與老師也要互相合作，
一起協助孩子的學校生活。

辅助手冊

1 個人簡介

填寫日期	年 月 日	更改次數	次

姓 名		性 別 **男 ・ 女**

出生日期	年 月 日	血型

住 址

電話 （自家）

（手機號碼）

家庭成員

姓 名	親屬關係	出生日期	職 業・學 校
		年 月 日	
		年 月 日	
		年 月 日	
		年 月 日	
		年 月 日	

緊急聯絡人

	姓 名	親屬關係	電話號碼
(1)			
(2)			

2 醫 療 機 關 的 資 訊

| 填寫日期 | 年 | 月 | 日 | 更改次數 | | 次 |

主要醫療機關名稱

主治醫師

| 就診期間 | 從 | 年 | 月開始 | 就診次數 | 週 | 次 |

病名

就診內容

服用中的藥物

醫療機關的就診紀錄

就診期間	病 名	醫療機關	備 註

3 兒童福利諮詢協助與協助服務的使用紀錄

| 填寫日期 | 　年　　月　　日 | 更改次數 | 　次 |

諮詢‧協助的使用紀錄

諮詢日期	諮詢機構名稱／負責人	諮詢內容
年　月　日		
年　月　日		
年　月　日		
年　月　日		
年　月　日		
年　月　日		
年　月　日		
年　月　日		
年　月　日		
年　月　日		
年　月　日		
年　月　日		
年　月　日		
年　月　日		
年　月　日		
年　月　日		

4 兒童的手冊取得狀況

| 填寫日期 | 年 | 月 | 日 | 更改次數 | 次 |

已取得的手冊一覽

手冊種類	等級・分類	手冊領取日期	備　註
□ 精神障礙者保健福利手冊	級	年　月　日	
□ 身障手冊	級	年　月　日	
□ 愛的手冊（療育手冊）	級	年　月　日	

備註

----

5 兒童的性格特徵

| 填寫日期 | 年 | 月 | 日 | 更改次數 | 次 |

| 姓名 | | | | 年齡 | |
| | | | | | 歲 |

	特　徵	在家中的交流方式
擅長的事		
喜愛的事		
溝通		
表達意見的方法		
與朋友的關係		
與大人的關係		
固執		
容易感到不安時		
努力		
不擅長的事		
舉例 溝通	會打招呼。 喜歡和朋友玩。 輸了就會吵鬧。	玩遊戲輸了時，只要說「沒關係啦」這句暗號，就能讓孩子靜下心來。

6 兒童的身體特徵

填寫日期	年　月　日	更改次數	次

姓名	年齡
	歲

身高	體重

健康狀態

特徵

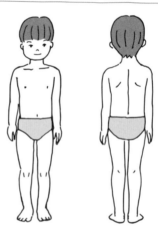

是否有過敏症狀

名　稱	內　容	注意事項

備註

7 兒童的周遭環境

與孩子相關的人與周圍環境（學校、 醫療機關、 諮詢協助、 協助服務、 當地居民等）

| 填寫日期 | 年 月 日 | 更改次數 | 次 |

姓名 　　　　　　　　　　　年齡

歲

名　稱	擔任職務	連絡方式	與孩子的關係	備　註

8 兒童「做得到的事」的清單

填寫日期	年	月	日	更改次數	次

	習慣	檢查欄	檢查事項清單	備註
生活	用餐	☐	一個人吃	
		☐	說完「我要開動了」後，再開始吃	
		☐	不會讓食物殘渣掉落	
	睡眠	☐	睡得很熟	
		☐	睡醒後心情很好	
		☐	就寢時間很有規律	
	排泄	☐	能夠獨自小便	
		☐	能夠獨自大便	
	換衣服	☐	會換衣服	
		☐	會挑選衣服	
	清洗	☐	會洗手	
		☐	會洗臉	
		☐	會刷牙	
		☐	會漱口	
		☐	會洗身體	
		☐	會洗頭	
		☐	能夠獨自洗澡	
	社會生活	☐	能夠獨自外出	
		☐	會等紅綠燈	
		☐	不會突然衝到道路上	
	時間	☐	看得懂時鐘	
		☐	能夠先看行程表後，再行動	
	學校	☐	有朋友	
		☐	能夠遵守班級幹部或值日生的規定	
		☐	會依序排隊	
		☐	能夠參加團體活動	
		☐	很少遺失物品	
		☐	會寫連絡簿	

	習慣	檢查欄	檢查事項清單	備註
溝通	言語	☐	能夠理解使用插圖或照片等物來下達的指示。	
		☐	能夠聽別人說話。	
		☐	能夠理解文章中的指示。	
		☐	聽得懂玩笑話。	
	情緒	☐	能夠將自己的心情傳達給他人。	
		☐	能夠表達喜怒哀樂。	
		☐	能夠傳達自己的身體狀態。	
		☐	能夠理解對方的心情。	
		☐	能夠理解對方的表情。	
	人際關係	☐	一個人玩。	
		☐	和朋友玩。	
		☐	和兄弟姊妹玩。	
		☐	和大人玩。	
		☐	會玩模仿遊戲。	
		☐	在戶外遊玩，活動身體。	
		☐	打電玩遊戲。	
	學習	☐	有學習熱情。	
		☐	有擅長的科目。	
		☐	會寫作業。	

備註

---

9 兒童的生活行程表

| 填寫日期 | 年 | 月 | 日 | 更改次數 | 次 |

時間	填寫例時間	填寫例星期	一	二	三	四	五	六	日
點　分	6點30分	起床		日					
點　分	6點40分	洗臉							
點　分	6點50分	吃早餐							
點　分	7點20分	刷牙							
點　分	7點30分	上廁所							
點　分	7點40分	穿衣服							
點　分	7點45分	上學前的準備工作							
點　分	8點	去學校							
點　分	15點	回家。在玄關內把鞋子排好。							
點　分	15點5分	洗手、漱口。							
點　分	15點10分	吃點心。							
點　分	15點30分	寫作業							
點　分	16點15分	看電視、上網玩遊戲							
點　分	18點	晚餐							
點　分	19點	洗澡							
點　分	19點45分	刷牙							
點　分	20點	就寢							

10 給接任老師的交接事項

填寫日期	年	月	日	更改次數	次
姓名				年齡	
					歲

交接事項

填寫者姓名	與孩子的關係	電話號碼

弄清楚何處才是
適合孩子的學習場所

家長要提供一個能讓孩子安心學習的環境

選擇適合孩子的教育方式吧

在發展遲緩兒童當中,「為什麼我和大家不一樣呢?」有的孩子會在普通班級中過得很痛苦。

如果不去傾聽孩子的「痛苦」心聲的話,孩子就無法安心地在學校生活,所以孩子也可能會因為壓力而強烈地表現出發展遲緩的特性。

話雖如此,如果考慮到孩子的將來,家長提供一個能讓孩子安心學習的環境,比什麼都重要。

2007年,根據法律的修訂,**「特殊需求教育」**開始實施,發展遲緩兒童變得也能夠在學校內獲得協助。

目前,除了「普通班級」以外,也能選擇「**通級指導教室**(註:相當於台灣的資源班)」、「**特別支援學級**(註:相當於台灣的特教班)」等適合該孩童的教育指導。

家長在理解發展遲緩兒童的特性與心情後,必須弄清楚何處才是適合孩子的學習場所。

運用通級指導教室吧

當發展遲緩兒童**在社交技巧、溝通、學習層面等方面遇到課題時,雖然學籍為普通班級,但還是能夠運用通級指導教室來進行學習。**

在通級指導教室內,會依照孩子的課題,讓孩子每週接受由在特別支援學級授課的專業教師1到2次(約1到8小時)的個別指導。

藉由到通級指導教室向專業教師學習社交技巧與知識等,發展遲緩兒童就會變得較容易克服不擅長的事與困擾的事,也變得能夠在學校內平靜地

生活。

特別支援學級當中的教育

如果發展遲緩兒童無法在普通班級平靜地生活，而且他本人也抱持著煩惱的話，也許可以考慮讓他轉到特別支援學級。**由於特別支援學級為小班制，所以會個別地採用符合孩子特性的教育方法。**

身為家長，也許會抗拒讓孩子就讀特別支援學級。不過，對於在普通班級中過得很痛苦的孩子來說，藉由在安穩的環境中學習，精神就會變得穩定，使其能夠在學校內安穩地生活。

普通班級當中的協助

即使是普通班級，也會提供特別的協助，讓發展遲緩兒童能夠在學校內舒適地生活。除了校方與老師會提供生活層面與學習層面的協助以外，還可以透過能夠協助教師的「**特殊需求教育支援人員**」來提供學習支援。

另外，最近，文部科學省所推動的「**融合教育**」的觀點也正在持續推廣中。

融合教育指的是，**非障礙兒童與發展遲緩兒童互相尊重彼此的個性，在同一個教室內，一邊認同多樣性，一邊進行學習的教育方式。**

在不久的將來，「在普通班級內，無論是否有障礙，大家都能擁有完善的環境，教師則會透過適合各個孩子的教育方式來進行個別指導」這樣的時代也許會來臨。

請試著這樣做吧！

「普通班級」、「通級指導教室」、「特別支援學級」。挑選適合孩子的教育，比什麼都來得重要。

索 引

精神科醫師
西脇俊二

精神科醫師。幡井診所院長。

指定精神科專科醫師。金澤大學藥學部兼任講師。畢業於弘前大學醫學部。曾任職於國立國際醫療中心精神科，擔任過國立秩父學園醫務課主任醫師等職務，從 2009 年開始擔任東京都目黑區幡井診所的院長。

曾擔任電視劇的醫療事務監修，像是「自閉天才ATARU」、「我的人生路」、「半自白」、「絕命拍檔」、「打工族買屋記」等。

專業領域除了「精神醫學、關於發展遲緩的所有醫學」以外，還有癌症、替代醫學。著作包含了，獲得了高評價的「成人發展遲緩」入門書系列《能夠順利和亞斯伯格症打交道的方法入門 我克服了此疾病後才了解到的道理》、《讓你了解關於亞斯伯格症的「原來如此」》、《亞斯伯格症 讓家屬能順利和患者相處的方法入門》（寶島社）。

TITLE

他不是故意的！亞斯伯格・ADHD・LD　教養全書

STAFF

出版	瑞昇文化事業股份有限公司
作者	西脇俊二
譯者	李明穎
監譯	大放譯彩翻譯社
封面插畫	駱丹俐
總編輯	郭湘齡
文字編輯	徐承義　蔣詩綺　李冠緯
美術編輯	謝彥如
排版	執筆者設計工作室
製版	明宏彩色照相製版股份有限公司
印刷	桂林彩色印刷股份有限公司
	絋億彩色印刷有限公司
法律顧問	經兆國際法律事務所　黃沛聲律師
戶名	瑞昇文化事業股份有限公司
劃撥帳號	19598343
地址	新北市中和區景平路464巷2弄1-4號
電話	(02)2945-3191
傳真	(02)2945-3190
網址	www.rising-books.com.tw
Mail	deepblue@rising-books.com.tw
本版日期	2021年9月
定價	350元

國家圖書館出版品預行編目資料

他不是故意的!亞斯伯格.ADHD.LD教養
全書 / 西脇俊二作；李明穎譯. -- 初版.
-- 新北市：瑞昇文化, 2019.08
192面；14.8x21公分
譯自：発達障がいの「子どもの気持
ち」に寄り添う育て方
ISBN 978-986-401-366-1(平裝)
1.特殊兒童教育 2.過動症 3.親職教育
529.68　　　　　　　　　108012155

HATTATSU SHOGAI NO 「KODOMO NO KIMOCHI」NI YORISOU SODATE KATA
Copyright ©2017 Shunji Nishiwaki
All rights reserved.
Originally published in Japan by Nippon Jitsugyo Publishing Co., Ltd.
Chinese (in traditional character only) translation rights arranged with
Nippon Jitsugyo Publishing Co., Ltd. through CREEK & RIVER Co., Ltd.